Molière par P. Mignard.

Molière

L'Avare

Édition présentée, annotée et analysée par
Barbara **P**iqué
Chercheur à l'Université de la Tuscia, Viterbe

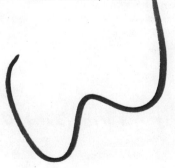

© 1996 Cideb Editrice, Genova

Rédaction: Marie-Claude Chastant

En couverture :
Metsys, *Le prêteur et sa femme*, 1514 (détail)

Illustrations :
Bibliothèque Nationale – Paris

Pour toute suggestion ou information la rédaction peut être contactée :
e-mail: redaction@cideb.it
http://www.cideb.it
http://www.blackcat-cideb.com

ISBN 88-7754-694-8 Livre
ISBN 88-7754-166-0 Livre + CD

Imprimé en Italie par Litoprint, Genova

INTRODUCTION

Quand il écrit *L'Avare*, en 1668, Molière est l'auteur dramatique le plus applaudi mais aussi le plus contesté de son temps. Depuis le succès des *Précieuses ridicules* (1659), sa gloire n'a cessé de croître, ses ennemis d'augmenter. Au rythme de deux pièces par an, il a conquis la faveur du roi Louis XIV et s'est acquis l'inimitié d'un groupe de plus en plus consistant de détracteurs : troupes rivales jalouses, en particulier celle de l'Hôtel de Bourgogne, auxquelles s'ajoutent peu à peu tous ces personnages et ces types qu'il n'a pas hésité à stigmatiser – dévots, faux dévots, gens du monde et pédants. Étayées par la grande offensive générale contre le théâtre, qui allie dans le même camp un janséniste comme Nicole

Molière et les Caractères de ses comédies par E. Geffroy, 1857.

Louis XIV par H. Rigaud.

et un homme d'Église comme Bossuet, les attaques contre Molière, commencées à l'époque de *L'École des femmes* (1662), dépasseront bientôt le plan strictement littéraire pour viser la moralité de l'homme et de l'œuvre. La représentation, en 1664, du *Tartuffe* – qui met en scène les méfaits de la fausse dévotion – offre à ses ennemis l'occasion rêvée de déchaîner des hostilités plus violentes. Malgré la protection du monarque, la pièce est interdite.

Les années qui suivent sont marquées par une suite de déceptions et d'ennuis. En 1665, Molière tombe malade : une fluxion de poitrine lui imposera, entre 1666 et 1667, de nombreuses relâches ; le ménage avec la belle et inconstante Armande se révèle malheureux ; *Dom Juan* (1665) passe sous silence et est retiré après quinze représentations ; *Le Misanthrope*, créé l'année suivante, ne remporte pas le succès espéré. Le 5 août 1667, Molière propose une deuxième version du *Tartuffe*, en cinq actes, sous le titre de *L'Imposteur*. La pièce encourt les foudres de l'archevêque de Paris et de Lamoignon, président du Parlement et membre de la Compagnie du Saint-Sacrement, qui la fait immédiatement interdire. Ce n'est qu'en février 1669 que la comédie sera enfin librement et triomphalement représentée.

L'année 1668 apparaît ainsi comme une enclave relativement tranquille dans la vie de Molière, une année sans esclandres ni clameurs, extrêmement fertile du point de vue de la production théâtrale, qui s'enrichit de trois pièces. Mais les amertumes et les difficultés ont laissé des traces profondes. À partir du *Misanthrope*, Molière semble avoir abandonné les traits les plus affûtés pour orienter son œuvre vers des formes nouvelles et des sujets moins susceptibles d'aviver les animosités. Divertissements, comédies-ballets et comédies de mœurs, de caractères ou d'intrigue, vont dès lors railler, sans trop de risques, beaux esprits et prétendus savants, bourgeois enrichis et barbons avares, médecins charlatans et cocus bernés.

C'est justement le cycle du cocuage, inauguré en 1660 avec *Sganarelle ou le Cocu imaginaire*, que Molière reprend et clôt en 1668. Le 13 janvier, il donne au Palais-Royal une comédie en trois actes imitée de Plaute, *Amphitryon*, célébration plus ou moins explicite des amours de Louis XIV et de Mme de Montespan. Six

Molière et Louis XIV par J. Ingres, 1857.

mois plus tard, le 15 juillet, à l'occasion du Grand Divertissement royal de Versailles offert par le souverain à sa cour pour fêter la paix d'Aix-la-Chapelle, il représente *George Dandin*, où sont tournées en ridicule les prétentions sociales d'un riche bourgeois de province, mal marié à une demoiselle pauvre mais noble, prête à le tromper. Le cocuage céleste laisse la place au cocuage bourgeois, ou mieux : villageois ; et un comique nouveau, un rire un peu fêlé, s'amorce ici, que nous retrouverons dans *L'Avare* et, plus tard, dans *Monsieur de Pourceaugnac* et dans *Le Bourgeois gentilhomme*. Si le temps de la satire violente est à jamais révolu, celui d'une critique âpre des mœurs a commencé.

Création de *L'Avare*

Après *Amphitryon*, Molière avait peut-être pensé à une autre comédie tirée de Plaute, dont l'abbé de Marolles avait publié, dix ans auparavant, une traduction avec le texte original en regard. On ignore s'il était déjà en train d'écrire *L'Avare* au moment où le roi

Vue perspective de Versailles par P. Patel.

lui commissionna une œuvre pour les fêtes de Versailles. Ce qui est certain, c'est qu'entre la création de *George Dandin* en juillet et le début de la saison théâtrale en septembre, Molière n'a pu disposer que de quelques semaines pour terminer ou composer la pièce.

L'Avare fut joué pour la première fois au Palais-Royal le 9 septembre. Contrairement à *Amphitryon* et à *George Dandin*, la comédie ne rencontra pas la faveur du public et fut retirée de l'affiche après neuf représentations. Elle ne reparaîtra qu'en décembre et, l'année suivante, à la fin du mois de mai, après le triomphe du *Tartuffe*. Du vivant de l'auteur, elle sera reprise assez régulièrement, mais toujours avec des recettes médiocres. Entré en 1680 au répertoire de la Comédie-Française, *L'Avare* s'est pourtant imposé depuis comme l'une des œuvres les plus populaires et les plus représentées du théâtre de Molière.

Le grief principal contre la pièce fut l'emploi de la prose, que l'esthétique classique admettait dans les farces et dans les comédies courtes, mais ne tolérait pas dans les grandes comédies en cinq actes. Le premier biographe de Molière, Grimarest, rapporte qu'un duc s'exclama indigné : « Molière [...] nous prend-il pour des benêts, de nous faire essuyer cinq actes de prose ? A-t-on jamais vu plus d'extravagance ? Le moyen d'être diverti par de la prose ? »

On a souvent attribué ce choix, que Fénelon défendra une cinquantaine d'années plus tard, à la hâte avec laquelle la pièce fut écrite. Mais on se demande s'il ne s'agit pas plutôt d'un choix esthétique bien pondéré. Dans les cinq années qui lui restent à vivre, Molière en effet n'aura

Les tréteaux de Tabarin,
auteur de farces.

recours aux vers que dans *Les Femmes savantes* et dans *Psyché*. Peut-être a-t-il jugé que la prose s'adaptait mieux à la peinture d'une vérité sociale et humaine qu'il regarde désormais avec une ironie de plus en plus désenchantée. C'était sans doute un instrument plus souple pour un Molière qui n'est pas seulement triste, et « bien plus triste que Pascal » comme le dira François Mauriac, mais qui est devenu amer et grinçant.

Les sources

À une époque où le principe de l'imitation régit les règles de l'esthétique et du goût et où la valeur d'une production littéraire réside moins dans la nouveauté des thèmes que dans leur élaboration formelle, c'est en puisant à des sources diverses, en alliant d'une façon géniale anciens et modernes, classicisme et liberté, théâtre et vie, que Molière crée l'une des œuvres les plus originales de son temps.

Aussi dans *L'Avare*, tout comme dans la plupart des comédies de celui qu'un critique du Grand Siècle, Gilles Ménage, appela « le grand picoreur », les emprunts sont-ils nombreux. La source principale est l'*Aulularia* de Plaute (le mot latin signifie « petite marmite »), où un pauvre vieillard nommé Euclion trouve une marmite pleine d'argent. Repos et tranquillité cèdent alors en lui la place aux tourments de la

Une scène de farce au théâtre des Charlatans, gravure du XVIIe siècle.

possession : il soupçonne sa servante, son
esclave, et même son voisin, l'honnête et
riche bourgeois Mégadore, qui aspire à la
main de sa fille Phaedra et accepte de
l'épouser sans dot. Euclion décide de
cacher son trésor dans le temple de la
Bonne Foi, mais l'esclave de Lyconidès,
un neveu de Mégadore amoureux lui
aussi de la jeune fille, a surpris son
manège et dérobe la marmite. En proie au désespoir, Euclion s'en
prend au jeune homme, qui, croyant être accusé d'avoir séduit
Phaedra – ce qui est le cas – avoue son crime sans toutefois en
préciser la nature. Le texte de Plaute s'arrête sur ce quiproquo.
Dans le dénouement, ajouté au XVe siècle, Mégadore consent aux
noces des deux jeunes gens et Euclion, à qui la marmite a été
enfin restituée, offre l'argent aux fiancés.

Quelles sont les dettes de Molière à l'égard de Plaute ? À la
comédie latine il emprunte l'idée générale – un vieil avare, une
intrigue amoureuse, un trésor subtilisé – aussi bien que toute une
série de détails : l'inspection de La Flèche et la fouille des
« autres » mains (I, 3) ; le motif du « sans dot » (I, 5) ; le calcul
hypothétique de la dot de Mariane (II, 5) ; la collation offerte à la
jeune fille (III, 7) ; le monologue délirant de l'avare volé (IV, 7) ; le
quiproquo entre Harpagon et Valère (V, 3).

Toutefois, Molière transforme amplement son modèle, non
seulement en modifiant la structure de la pièce, mais surtout en
transformant le pauvre hère enrichi par hasard en un riche
bourgeois et en déplaçant sur le père et le fils le thème de la
rivalité amoureuse. La psychologie des personnages gagne en
profondeur, la peinture sociale prend du relief. Comme l'a bien
souligné Charles Dullin, l'un des plus célèbres interprètes et
metteurs en scène de L'Avare [1], on devrait parler d'influence et
d'inspiration plutôt que d'imitation : c'est le « ton général », un
certain « parfum plaisant de l'atmosphère latine », que l'on

retrouve en effet dans la pièce de Molière.

Quelques suggestions ont pu également dériver d'œuvres mineures telles *Les Esprits* (1579) de Pierre de Larivey, repris de l'*Aridosia* (1536) de Laurent de Médicis qui s'inspirait à son tour de Plaute et des *Adelphes* de Térence ; et *La Belle Plaideuse* (1654) de Boisrobert, où l'on rencontre un fils qui emprunte à un père usurier (II, 1 et 2), une liste d'objets offerts par le prêteur à la place de l'argent (II, 1), et une allusion aux chevaux affamés (III, 1). On pourrait faire d'autres rapprochements, citer l'*Emilia* (1579) de Luigi Groto, par exemple, où un avare se nomme Arpago ; ou encore *L'Avare dupé* (1662) de Chappuzeau. On pourrait, enfin, relever maints traits issus de la Comédie italienne. Mais il ne faut pas oublier que nombre de situations, de caractères et de ressorts comiques faisaient désormais partie d'un répertoire devenu traditionnel, d'une sorte de fonds commun des *topoï* dramatiques.

Une dernière source, souvent évoquée par les critiques, mérite toutefois d'être retenue. Elle n'appartient pas à la littérature, mais à la vie. Un certain Jean Tardieu, riche bourgeois anobli, était devenu célèbre à l'époque pour sa ladrerie. Il avait épousé une femme encore plus avare que lui, et Tallemant des Réaux dans ses *Historiettes*, et plus tard Boileau dans la *Satire X*, se moqueront de ce couple habillé à l'ancienne, qui ne se nourrit que du strict nécessaire et dont le carrosse est en piètre état et les chevaux meurent de faim. Tardieu et sa femme seront assassinés par des voleurs en 1665. Molière s'est-il souvenu de ce personnage dont tout Paris parlait ? Sans doute. Mais les sources, répétons-le, ne constituent jamais pour lui qu'un point de départ. Son génie consiste à étoffer, approfondir, recréer des apports disparates pour les fondre en une œuvre originale et cohérente, où tout emprunt, que ce soit à la tradition littéraire et dramatique ou aux faits divers contemporains, perd sa valeur de référence directe, ne laissant parfois qu'une trace à peine perceptible. Personnages, thèmes et éléments comiques s'imposent par la finesse d'une observation morale et d'un style sans précédent.

Les personnages

Un barbon ladre et amoureux, des couples de jeunes fiancés, des valets fourbes ou nigauds : L'Avare aurait pu n'être qu'une galerie de types traditionnels, hérités de la farce, de la comédie classique ou des Italiens. Comment Molière a-t-il su animer ces fantoches de convention ?

Une première constatation, d'ordre général : aucun des personnages de L'Avare n'offre une psychologie et un comportement linéaires. Chacun recèle une double personnalité, feinte ou réelle : certains jouent consciemment la comédie, comme Valère ou Frosine ; d'autres trahissent, derrière une cohérence et une uniformité de surface, des traits contradictoires, et un geste, un mot, suffisent parfois à révéler un profil caché, l'imperfection d'un visage apparemment régulier.

Examinons de près ces personnages plus complexes qu'ils n'apparaissent de prime abord.

Les Farceurs italiens et français, en 1670.

Le nom d'Harpagon vient du latin *harpago*, « grappin », c'est-à-dire le crochet utilisé sur les navires pour l'abordage, dont la racine évoque le grec *arpax*, « rapace ». Le nom sied on ne peut mieux à l'homme. Car Harpagon ne conserve pas simplement son argent, comme *L'Avare qui a perdu son trésor* de La Fontaine. L'avarice se présente chez lui comme un vice total : garder les richesses – les sauvegarder –, en acquérir d'autres. C'est à la fois un refus de donner et une « rapacité » toujours inassouvie et toujours renaissante. Dans le premier sens, l'avarice ne se borne pas à l'or. Elle s'étend aux manifestations les plus immédiates de la conscience et de l'affectivité. Harpagon est aussi avare d'argent que de sentiments. Point de tendresse en lui, point d'émotions, si ce n'est celles qu'il éprouve pour son trésor, en qui il reconnaît sa seule et unique raison de vivre (IV, 7). Dans son désir absolu de posséder, il est une chose en effet dont il se débarrasserait volontiers : ses enfants. « Tant mieux » répond-il à Frosine qui lui prédit qu'il « mettra en terre » enfants et petits-enfants (II, 5) ; « Je serais bientôt défait de l'un et de l'autre » dit-il à Mariane (III, 6) ; et il déclare sans détours à sa fille qu'il préférerait qu'elle fût morte plutôt que de la voir fiancée à Valère (V, 4). C'est ce vide du cœur, qui contraste presque symboliquement avec le plein de la cassette, que résume avec tant de pénétration la célèbre formule de La Flèche : « Le seigneur Harpagon est de tous les humains l'humain le moins humain » (II, 4). Le mot anglais *miser*, « avare » mais aussi « misérable » au sens matériel et moral, exprime bien, d'ailleurs, la pauvreté intérieure du ladre.

Harpagon est donc misérable. Il lui manque la profondeur d'un univers intime, la richesse d'une expérience affective. Maître tyrannique, il insulte, menace et bat ses serviteurs (I, 3 ; III, 1). Père autoritaire, il exerce son pouvoir avec un despotisme qui confine à la violence : dès le début, Élise redoute son « emportement » (I, 1), et les explosions de colère du « maudit vieillard » (I, 3) contre ses enfants tout au long de la pièce (II, 2 ; IV, 3, 5 ; V, 4) ne font que confirmer ses craintes.

Mais comment est-il possibile que cet homme « dur », « serré »,
« sec » et « avide » (II, 4), soit tombé amoureux ? « L'amour –
remarque La Flèche – a-t-il été fait pour des gens bâtis comme
lui ? » (II, 1). Y aurait-il chez Harpagon quelque recoin secret où
se cache un reste d'humanité et de bienveillance ? Non, car
Mariane ne représente pas pour lui un objet d'amour, mais, à
l'instar de l'or, un objet de possession, un trésor qu'il convoite
parce qu'il lui apporte tout ce dont il ne dispose pas : la jeunesse,
l'honnêteté, la douceur (I, 2, 4). Un contrat de mariage le rendrait
maître justement de ces qualités et de ces vertus qui lui font
défaut. Il ne s'agit donc pas simplement de cette attraction des
contraires qui portait le misanthrope Alceste à aimer la coquette
Célimène et qui amènerait un vieil avare à épouser une jeune fille
pauvre. Régi par le principe de l'appropriation, le jeu des
antinomies relève ici d'un calcul plus subtil. L'inclination
d'Harpagon pour Mariane ne va pas, d'ailleurs, sans un intérêt
concret : il harcèle Frosine de questions sur les biens de sa future
épouse (II, 5), et à la fin de la comédie il n'hésitera pas à traiter la
jeune fille comme une monnaie d'échange, la cédant sans
ambages à Cléante pourvu que ce dernier lui rende sa cassette. Ce
n'est que pour celle-ci qu'il ressent de l'attachement ; ce n'est qu'à
elle qu'il adresse des mots tendres (IV, 7), lui si avare de paroles
affectueuses, lui qui s'était montré incapable de faire une
déclaration d'amour à sa fiancée. Harpagon ne recèle pas en son
for intérieur une sensibilité d'amant : la passion des richesses lui
tient lieu de passion amoureuse.

Avare d'argent, de sentiments, de paroles d'amour ou d'amitié,
Harpagon est avare d'autre chose encore : de plaisirs. Ce barbon
avide et parcimonieux se refuse tous les agréments et les conforts
d'une existence aisée : une bonne nourriture, des vêtements non
démodés, et sans doute des réjouissances d'ordre esthétique ou
intellectuel. Harpagon est l'exact contraire de Monsieur Jourdain,
le bourgeois aspirant « gentilhomme » que Molière mettra en
scène deux ans plus tard. De la fortune accumulée grâce au

commerce des draps, Monsieur Jourdain use avec une prodigalité extrême : il prend des leçons de musique, de danse, d'armes et de belles-lettres ; il se fait couper des habits somptueux, donne des soupers magnifiques, et prête même son argent. Tout est bon pour franchir les barrières sociales et devenir noble. Harpagon, lui, reste fermement ancré à sa condition. S'il veut donner sa fille à un gentilhomme, c'est surtout parce que celui-ci est riche et qu'il accepte de l'épouser « sans dot ». En fait, c'est avec une ironie acrimonieuse qu'il reproche à Cléante de singer les marquis (I, 4). Le vieil avare sait bien combien est onéreux le mode de vie des « gens de qualité » ; le rapace usurier connaît bien les dépenses auxquelles doivent faire face ces représentants d'une société de loisirs. L'appartenance à la bourgeoisie oblige, certes, à une certaine décence et à des frais : carrosse, chevaux, laquais en livrée. Ce qu'elle n'exige pas, c'est qu'on fasse montre de son or. Sans trop manquer à son rang, Harpagon peut s'habiller à l'ancienne et maintenir un train de maison étriqué : réduire au minimun sa domesticité, avoir un cuisinier qui soit en même temps cocher, faire revêtir à ses serviteurs des livrées sales et trouées, utiliser le moins possible son carrosse (ses chevaux « ne font rien », dit-il dans la scène 1 de l'acte III), offrir des collations frugales. Un bourgeois ne craint pas de perdre la dignité de sa position. Ses richesses, même cachées, même non étalées, suffisent à la lui assurer.

Cette caractérisation sociale éloigne sensiblement Harpagon de ses modèles, rapprochant plutôt ce bourgeois du XVIIe siècle de ses avatars balzaciens, du père Grandet surtout, comme l'ont relevé maints commentateurs. Mais ce n'est pas le seul trait « moderne » du personnage. À l'avarice et à ses diverses manifestations – dont une méfiance qui frôle la névrose paranoïaque – s'entremêlent en effet chez lui des aspects psychologiques inconnus à ses prédécesseurs. Harpagon n'est pas seulement un avare, c'est aussi un hypocrite mielleux, qui joue avec ses enfants la comédie du pauvre diable sans le sou (I, 4), et avec son emprunteur celle de l'homme probe et magnanime, parlant « conscience », « scrupule » et « bonne foi » (II, 1). C'est un dissimulateur adroit, qui cache son or tout comme ses intentions et parvient, grâce à une stratégie perfide, à piéger son fils et à en obtenir les aveux (IV, 3). Pourtant, derrière le masque du menteur consommé, Harpagon révèle une crédulité surprenante. Le rusé cède naïvement à plus rusé que lui : dupe des louanges, victime de la flatterie la plus grossière et effrontée, le vieux renard se laisse abuser comme un enfant par les cajoleries de Frosine et les compliments de Valère. Contradiction ? « La flatterie – écrivait La Rochefoucauld dans ses *Maximes* – est une fausse monnaie qui n'a de cours que par notre vanité » (*max.* 158). Or la vanité n'est au fond que l'un des corollaires de l'amour-propre, que le grand moraliste plaçait en tête des passions humaines ; et l'avarice, l'expression concrète et sensible de ce même amour-propre, « amour de soi, et de toutes choses pour soi » (*Maximes supprimées*, 1).

Plus qu'un personnage contradictoire, Harpagon est une personnalité complexe, à qui Molière, malgré les grossissements imposés par le comique, a su conférer des nuances multiples.

À père avare, fils prodigue. On cite volontiers ce dicton en parlant de Cléante. Mais on en ajoute souvent un autre : *Tel père, tel fils.* Le contraste entre Cléante et Harpagon, en effet, ne traduit pas seulement une diversité d'âge et de mentalité ; il trahit également une parenté étroite.

Dès les premières scènes, Cléante affecte un comportement qui l'oppose au vieil avare. Amant fougueux, il parle de sa passion comme un héros de romans précieux (I, 2) ; jeune homme élégant et coquet, il s'habille à la mode et porte perruque et rubans (I, 4). Cependant, d'autres traits percent bientôt qui assombrissent le personnage. Car le fils témoigne d'une même âpreté au gain que le père : celui-ci convoite l'argent pour le conserver, celui-là pour le dissiper. Le premier joue et s'endette, le second prête à usure.

Les buts diffèrent, le fond est le même : l'avidité, la hantise de l'or. D'Harpagon, Cléante a hérité aussi une certaine dureté de cœur : ne laisse-t-il pas sous-entendre par deux fois qu'il souhaite la mort de son père ? « Voilà où les jeunes gens sont réduits par la maudite avarice des pères ; et on s'étonne, après cela, que les fils souhaitent qu'ils meurent » s'exclame-t-il dans la scène 1 de l'acte II ; et dans la scène suivante on apprend qu'il est prêt à s'engager à ce que son père meure « avant qu'il soit huit mois ». De plus, cette dureté peut dégénérer, tout comme chez Harpagon, en violence. C'est avec une arrogance autoritaire en effet que père et fils en usent avec leurs domestiques : l'emportement de Cléante contre La Flèche – « Ah ! traître que tu es, où t'es-tu donc allé fourrer ? Ne t'avais-je pas donné ordre... ? » (II, 1) – rappelle les accès de colère d'Harpagon contre ses serviteurs. Dans les scènes où ils s'affrontent, père et fils parlent d'ailleurs avec la même véhémence, et l'affinité de leurs caractères est bien soulignée par la symétrie des répliques (II, 2 ; IV, 4).

Mais Cléante est jeune. Qu'il soit un Harpagon en puissance ou qu'il devienne, par sa prodigalité et son désir de « représenter », un second Monsieur Jourdain, il reste avant tout un jeune homme de moins de vingt-cinq ans (II, 1). C'est à cette jeunesse qu'il faut, au moins en partie, imputer les contradictions de son tempérament : son impétuosité et son esprit de révolte aussi bien que sa crédulité et son inaptitude à l'action. Insolent et impulsif, il adresse des mots durs à son père (II, 4) et en arrive à le narguer (III, 7), mais se laisse ensuite abuser puérilement par lui (IV, 3) ; il peste et tempête, mais n'est pas de taille à supporter un choc ni à prendre en main la situation. Quand il apprend qu'Harpagon veut épouser Mariane, il s'évanouit presque (I, 4) ; quand la jeune fille l'incite à trouver une issue, il fait appel à Frosine (IV, 1) ; ce n'est pas lui, enfin, mais son valet La Flèche qui amènera le dénouement grâce au vol de la cassette.

Avec ses élans et ses faiblesses, Cléante correspond parfaitement au caractère du jeune homme tel que l'a dépeint Horace dans l'*Art poétique* (II, 1, v. 161-165) : prodigue, excessif, passionné et volage, il « plie aux vices comme de la cire » et ne supporte pas qu'on lui fasse des reproches. Mais on voit bien par quel jeu de similitudes et de contrastes Molière a donné de l'épaisseur au jeune amoureux de comédie et enrichi un thème courant comme celui du conflit des générations.

C'est de tout autre manière que Valère prend ses distances par rapport au type traditionnel qu'il incarne. Personnage à l'arrière-plan, dont l'intrigue amoureuse avec Élise est éclipsée par celle de Cléante et de Mariane, il présente néanmoins une complexité remarquable.

Valère apparaît tout d'abord comme une sorte de prince charmant, séduisant et courageux, qui a sauvé Élise d'une noyade et sait tenir des discours galants aux belles tournures précieuses. Sa conception de l'amour, fondée sur le mérite, la fidélité et le respect, reflète un idéal noble : « Ce n'est que par mon seul amour que je prétends auprès de vous mériter quelque chose » déclare-t-il à Élise ; il réagit avec humeur quand sa fiancée le soupçonne d'être volage (I, 1), et au cours du malentendu avec Harpagon il ne cessera d'insister sur l'« honnêteté » et l'« ardeur toute pure et respectueuse » de sa flamme (V, 3). Cette noblesse des sentiments renvoie, conformément aux conventions romanesques, à une noblesse des origines. Ce n'est qu'à la fin de la comédie qu'on connaîtra les aventures fabuleuses du jeune homme et sa naissance, mais son attitude tout au long de la pièce est bien celle d'un gentilhomme : il affirme sa supériorité sociale sur maître Jacques en le traitant de « faquin » et en le battant (III, 2) ; il réplique en honnête homme à Harpagon, soulignant le noble motif de son « crime », le total désintérêt qui l'y a poussé, et le prestige d'une « condition » qui ne fera point tort à Élise (V, 3) ; enfin, il tient tête avec orgueil et fierté au seigneur Anselme dans la scène des reconnaissances (V, 5).

Pourtant, ce héros de romans, voire de contes de fées, à qui le mystère n'est pas sans rajouter du charme, n'hésite pas à recourir aux subterfuges. Personnage sans identité, il en revêt une d'emprunt, celle d'intendant d'Harpagon, se révélant dans ce rôle un parfait comédien. Il a sans doute lu les écrivains moralistes, qui lui ont ouvert les yeux sur les replis cachés du cœur humain ; il a sans doute étudié les théoriciens de la dissimulation, qui lui ont dévoilé les intrigues de l'humaine comédie. C'est d'eux qu'il a tiré la leçon de flatterie qu'il débite à sa jeune fiancée au début de l'acte I et qu'il met en pratique au cours de la pièce. C'est d'eux qu'il a appris à se conduire avec assurance sur la scène du grand théâtre du monde et à se faufiler adroitement dans ses coulisses. Contrairement à Cléante, il sait très bien se maîtriser et maîtriser les situations, ne laissant rien paraître quand Harpagon lui annonce ses projets de mariage pour Élise (I, 5), changeant vite de ton quand le vieillard survient de manière inattendue (I, 5), affichant une impassibilité admirable devant ses accusations (V, 3). L'inhumanité du vieil avare justifie, certes, les procédés mis en œuvre par le faux intendant : « ce n'est pas la faute de ceux qui flattent, mais de ceux qui veulent être flattés » (I, 1) affirme-t-il avec un cynisme digne de La Rochefoucauld. Mais le masque ne risque-t-il pas de devenir une seconde nature ? Si le déguisement et l'hypocrisie ne constituent qu'un moyen de faire face à Harpagon, Valère semble désormais connaître trop bien les hommes pour ne pas garder en lui un fond d'amertume, un pessimisme désabusé qui a peut-être terni pour toujours la belle image du héros romanesque.

Comparées à leurs amoureux, Élise et Mariane font figure de personnages quelque peu effacés, répondant assez bien au type conventionnel de la jeune fille de comédie. Quelques touches, cependant, rehaussent leur psychologie et leur confèrent même une certaine ambiguïté.
Timide, réservée, hésitante, Élise craint son père aussi bien que les « censures du monde » (I, 1). Pourtant, elle se montre plus

courageuse, ou peut-être plus sincèrement passionnée, que son frère Cléante, osant défier le pouvoir paternel et les convenances sociales par des fiançailles secrètes. Si elle affecte une connaissance désenchantée des hommes, dont elle énonce et dénonce par des maximes abstraites l'inconstance, sa conception de l'amour, fondée sur le mérite et la reconnaissance, relève d'un idéal héroïque et romanesque, et c'est avec une fermeté digne d'une héroïne de romans qu'elle s'oppose à Harpagon : « Je me tuerai plutôt que d'épouser un tel mari » lance-t-elle bravement à son père (I, 4). La prière qu'elle lui adresse dans la scène 4 de l'acte V recèle, d'ailleurs, une critique âpre, quoique indirecte, du caractère et des comportements du vieillard : l'exhortation « Ah ! mon père, prenez des sentiments un peu plus humains, je vous prie, et n'allez point pousser les choses dans les dernières violences du pouvoir paternel », traduit en fait un acte d'accusation bien précis : « vos sentiments sont inhumains, vous abusez avec violence de votre pouvoir ». N'oublions pas, enfin, que c'est Élise qui aura pour Frosine les mots les plus durs, lui faisant ouvertement grief de ses manigances : « Trouve quelque invention pour rompre ce que tu as fait » (IV, 1).

Quant à Mariane, on lui a souvent reproché sa passivité et son consentement à épouser un riche barbon. Elle se plaint en effet de son sort (III, 4) et rechigne devant l'horrible vieillard (III, 4, 6), mais ne fait rien pour sortir de sa situation, se bornant à solliciter l'aide des autres (IV, 1). Par ailleurs, cette jeune fille malheureuse, modeste, pleine d'attentions et de respect pour sa mère malade, est marquée par une « certaine duplicité en puissance », comme l'a bien souligné Charles Dullin. Si elle se retranche derrière les lois de « l'honneur » et de « la bienséance » (IV, 1), elle ne manque pas pour autant de s'en remettre à une personne aux qualités morales douteuses comme Frosine, ni de jouer le jeu de Cléante en acceptant, avec une grâce quelque peu coquette, les discours ambigus du jeune homme (III, 7). À l'égal des autres personnages de la comédie, Mariane apparaît comme un être double.

De la duplicité des personnages de *L'Avare*, Frosine représente sans aucun doute l'incarnation la plus vulgaire. Son rôle d'entremetteuse, issu directement de la tradition comique, ne la rend certes pas aimable. Alors que pour Valère l'hypocrisie, le mensonge, la flatterie ne sont qu'un instrument provisoire au service de l'amour, ils constituent pour Frosine un véritable métier, dont elle retire ou prétend retirer un profit, et où elle a acquis une habileté remarquable. Sa pratique des hommes lui permet d'en discerner rapidement vices et faiblesses : elle a compris qu'Harpagon est vaniteux et qu'un reste de coquetterie subsiste peut-être en lui ; aussi ne lui ménage-t-elle pas les compliments sur son physique et sur ses habits. Ses raisonnements sur la dot hypothétique de Mariane et sur les charmes de la vieillesse frisent le paradoxe grotesque, mais la logique qui les sous-tend semble ne pas admettre de réplique (II, 5). Frosine possède, d'ailleurs, une profonde conscience de son art, qu'elle expose à La Flèche (II, 4) à la fois avec fausse modestie (« des petits talents que je puis avoir ») et avec suffisance (« je sais l'art de traire les hommes. J'ai le secret de m'ouvrir leur tendresse... »), et dont elle se vante sciemment avec Harpagon (« me voit-on me mêler de rien dont je ne vienne à bout ? », II, 5). En réalité, tout son savoir bute contre l'avarice sordide du vieillard, à qui elle ne parvient pas à soutirer un sou. Mais c'est justement à ce moment-là que Frosine révèle un fond d'humanité et gagne la sympathie du spectateur : quand, face à l'échec, elle maudit le vieux ladre et lui lance ses imprécations : « Que la fièvre te serre, chien de vilain à tous les diables ! » (II, 5). Ce fond d'humanité, elle le manifestera ouvertement, plus tard, en s'apitoyant sur le sort de Cléante et de Mariane et en devenant la complice de leurs amours (IV, 1) ; et ce fond d'humanité rachète ses mystifications et fait qu'on lui pardonnera, finalement, son cynisme.

La Flèche et maître Jacques appartiennent de plein droit à la lignée des serviteurs classiques, lestes et fourbes ou naïfs et lourdauds. La Flèche incarne le premier type : futé, agile, un peu canaille, il s'amuse à provoquer Harpagon (I, 3) et à jouer avec Cléante, non sans quelque impertinence, le rôle du sage conseiller. Sa fonction dramatique est capitale : c'est lui qui dénouera l'intrigue en volant la cassette d'Harpagon.

Le personnage de maître Jacques est plus composite. Serviteur fidèle, il avoue éprouver de l'affection pour son maître (III, 1) et n'approuve pas le conflit entre le père et le fils, qu'il essaie de réconcilier (IV, 4). Il aime son travail de cuisinier et de cocher et voudrait l'exercer consciencieusement, sans regarder à la dépense : préparer de riches repas et surtout nourrir ses chevaux, ces « pauvres bêtes » affamées qui lui font pitié et qu'il n'oserait jamais fouetter (III, 1). Ce cœur tendre et loyal, à qui la franchise vaut une bonne correction (III, 1), ne peut pas supporter la flatterie dont use « monsieur l'intendant », ni ses manières hautaines. Quoique foncièrement poltron, il menace et brave Valère, n'obtenant qu'une seconde volée de coups. Il envoie alors au diable la sincérité (« Peste soit de la sincérité ! c'est un mauvais métier », III, 2) et décide de se venger. Sa calomnie, qui donnera lieu au quiproquo de la scène 3 de l'acte V, le rapproche ainsi des autres personnages, l'associant à la thématique du masque et du mensonge. C'est lui, du reste, qui à la fin de la pièce en résumera, de façon naïve mais efficace, la morale : « Hélas ! comment faut-il donc faire ? On me donne des coups de bâtons pour dire vrai, et on me veut pendre pour mentir ».

Les thèmes

Les personnages que nous venons d'analyser nous introduisent directement aux thèmes principaux de *L'Avare* : l'argent, l'amour, le mensonge. Chacun de ces noyaux thématiques se ramifie en une série de directions, qui infléchissent tour à tour la pièce vers la détente comique ou vers les régions obscures du drame.

Avarice d'Harpagon, prodigalité de Cléante, appât du gain chez Frosine, pauvreté de Mariane, amour désintéressé de Valère : l'argent semble s'imposer comme le thème principal. Dès le titre, on s'attend à le voir camper sur scène sous sa forme la moins édifiante. En fait, Jacques Morel [2] a justement remarqué que « l'avarice n'est pas un défaut susceptible de guérison. Le personnage d'Harpagon ne peut donc à lui seul nourrir une intrigue de comédie ». Reste que c'est un vice, et en conséquence, conformément au principe de la comédie qui est de corriger les défauts des hommes par le rire, c'est un puissant ressort comique. Si elle contribue à exacerber le désaccord père-fils et à accentuer par là la dimension sérieuse de la pièce, l'avarice prête aussi aux grossissements caricaturaux, faisant d'Harpagon, rivé de façon névrotique à son trésor, un pantin ridicule, et ouvrant en même temps la comédie à la satire sociale et à la critique des mœurs.

Cette critique trouve dans le thème de l'amour le terrain le plus fertile. L'amour constitue, en effet, un réseau thématique extrêmement riche, où s'enchevêtrent des variantes diverses : celle du mariage forcé surtout, *leitmotiv* cher à Molière et dont découle le thème du rapport pères-enfants et de l'opposition vieillesse-jeunesse. Ces problématiques se doublent, dans *L'Avare*, d'un conflit ultérieur : la rivalité amoureuse. Non seulement un vieux père despotique veut marier ses enfants contre leur volonté ; non seulement il veut se marier lui-même et avec une fille beaucoup plus jeune que lui, mais la femme qu'il convoite n'est autre que la femme aimé par son fils. Molière entremêle ainsi les différentes lignes thématiques relatives à l'amour et aux relations familiales, transformant ces éléments conventionnels en un creuset de haines et de rancœurs. Il prend soin, toutefois, de proposer un contrepoint positif à l'atmosphère lourde qui règne chez Harpagon : voici donc le tableau final du seigneur Anselme et de ses enfants, image idéalisée de la famille, où reprennent leur place sentiments, harmonie, piété filiale. Le drame bourgeois frôle la comédie larmoyante.

Au point de vue comique, ces thèmes ne peuvent avoir qu'une fonction limitée : certes, le vieillard amoureux est ridicule (III, 5) et les quiproquos entre père et fils sont parfois drôles (II, 2 ; IV, 3) ; mais dans la plupart de ces scènes, le registre grave prime les effets cocasses. Par contre, leur fonction dramatique est essentielle. C'est sur l'intrigue amoureuse formée par le couple Cléante-Mariane et sur la rivalité Harpagon-Cléante que se noue l'action de la comédie. Quant aux amours de Valère et d'Élise, on a reproché à Molière d'avoir porté atteinte à l'unité d'action en doublant, au début de la pièce, l'intrigue principale (les amours de Cléante et de Mariane) d'une intrigue secondaire, qu'il se trouve ensuite obligé d'abandonner jusqu'à l'acte V. Mais l'évocation, à travers les fiançailles secrètes de Valère et d'Élise, de l'univers galant des pastorales et des romans à la mode – où Molière du reste n'a pas dédaigné de situer quelques-unes de ses œuvres [3] – permet de contrebalancer les tonalités sombres de la pièce et d'en « adoucir l'âpreté comique » (Jacques Morel). En outre, l'atmosphère romanesque amorcée dans la première scène (le sauvetage d'Élise, l'identité mystérieuse de Valère, la clandestinité de leur passion, le langage précieux du jeune homme) annonce et prépare, la légitimant en quelque sorte dès le début, l'invraisemblance d'un dénouement par trop artificiel. L'aventure amoureuse des deux jeunes gens, enfin, alimente le dernier thème-clé de *L'Avare*, celui du mensonge.

C'est Valère en effet qui, déguisé en intendant, introduit d'emblée la thématique du masque et du mensonge. Thématique d'ailleurs chère à Molière (il suffit de penser au *Tartuffe*) tout comme aux écrivains et moralistes de son époque. Au cours de la pièce, nous l'avons vu, le thème se manifeste de différentes façons : de la duplicité psychologique de certains personnages au recours explicite à l'hypocrisie, aux louanges flatteuses, à la fausse délation. S'il engendre toute une série de gags et de quiproquos (II, 5 ; V, 3), et sa fonction comique est donc indéniable quoique secondaire, son influence sur l'action est pratiquement nulle. Le travestissement de Valère n'aboutit à rien, la calomnie de maître Jacques ne lui vaudra que la menace d'être pendu, et le stratagème imaginé par Frosine pour aider Cléante et Mariane – la fausse marquise ou vicomtesse de la basse Bretagne censée détourner Harpagon de ses projets de mariage (IV, 1) – restera lettre morte (et ce projet sans suite constituera l'un des griefs contre la comédie). Le masque et le mensonge n'apportent aucune solution, n'offrent aucune issue : la morale de Molière apparaît ici moins amère que celle de ses contemporains.

Le comique

Personnages et thèmes ont mis surtout en relief jusqu'ici les aspects les plus âpres de la pièce. Mais c'est au rire, ne l'oublions pas, qu'elle prête également. Le génie dramatique de Molière dans *L'Avare* consiste justement à faire alterner les moments de forte tension avec les haltes comiques. Sylvie et Jacques Dauvin [4] ont élaboré un graphique qui montre de façon très claire cette « habile alternance » de « temps forts » et de détentes. Ainsi voit-on, par exemple, que les scènes où le conflit père-fils atteint le paroxysme (I, 4 ; II, 2 ; IV, 3, 5) cèdent la place aux situations qui appellent le rire : l'annonce du mariage d'Harpagon est suivie par l'arbitrage de Valère (I, 5) ; la démystification d'Harpagon usurier, par le portrait cocasse du vieil avare brossé par La Flèche (II, 4) et par les compliments ridicules de Frosine (II, 5) ; Cléante pris au piège de son père, par maître Jacques essayant de les réconcilier (IV, 4) ; la rupture violente entre Harpagon et son fils, par le vol de la cassette (IV, 6). De même, la rencontre La Flèche-Harpagon (I, 3) succède aux duos galants des deux couples d'amoureux (I, 1, 2) ; les plaintes de Mariane (III, 4), aux préparatifs pour le souper de fiançailles et aux coups de bâton de Valère à maître Jacques (III, 1, 2) ; le quiproquo entre Valère et Harpagon, enfin, aux prières d'Élise à son père (V, 4). C'est cet art du contrepoint qui donne à la pièce son plein rythme, mettant en valeur la variété des registres exploités.

Quels sont les principaux procédés comiques employés dans *L'Avare* ? La première scène comique, la scène 3 de l'acte I, nous en offre un échantillonnage complet. Les différentes techniques du rire qui seront déployées tout au long de la pièce sont en effet déjà ébauchées ici : comique de mots (insultes, apartés), de gestes (esquisse d'un soufflet, fouille de La Flèche), de situation (Harpagon contredisant ses propres ordres), de caractère (méfiance névrotique du vieillard, impertinence goguenarde du valet).

Chacun de ces procédés utilisera, au cours de la comédie, des ressorts différents. Au comique de gestes appartiennent les gags farcesques – les coups de bâton, la fouille de La Flèche, la chute d'Harpagon – tandis que le comique de situation joue de préférence sur le mécanisme du quiproquo, dont la scène 3 de l'acte V offre l'exemple le plus réussi. Le comique de caractère, selon l'art du grossissement caricatural, est axé essentiellement sur le personnage d'Harpagon : ses accès de colère, son agitation perpétuelle, ses crises de folie, sa vanité, sa naïveté aveugle, font de « l'humain le moins humain » un pitre grotesque en butte aux rires du public.

Mais le réservoir auquel Molière puise le plus largement dans *L'Avare* est sans doute le comique de mots : paradoxes, parodies, exagérations, énumérations, répétitions, interjections, apartés, contresens, symétries foisonnent dans la pièce. Bornons-nous à rappeler l'énumération des « hardes et nippes » de l'emprunteur (II, 1), la répétition de « sans dot » (I, 5), la symétrie des répliques dans les dialogues entre Harpagon et ses enfants (I, 4 ; IV, 4), la parodie du discours galant dans la déclaration d'amour du vieil avare (III, 5).

Ces divers procédés n'opèrent pas séparément. Habilement superposés, ils se renforcent les uns les autres. Ainsi, le comique de gestes accompagne-t-il en général le comique de mots : on imagine aisément l'expression extasiée d'Harpagon quand il répète « sans dot » (I, 5), ou ses grimaces au cours du monologue célèbre (IV, 7). Cette superposition est plus évidente dans certains cas : dans la scène 1 de l'acte III, par exemple, Harpagon accumule les insultes contre maître Jacques tout en le battant, et dans la scène 4 de l'acte suivant, la symétrie des répliques est soulignée par les allées et venues du cuisinier-cocher. De même, le comique de situation ne peut qu'être étroitement lié au comique de caractère : c'est l'attachement hystérique d'Harpagon à sa cassette qui déclenche le quiproquo avec Valère (V, 3) ; c'est son avarice sordide qui le rend sourd aux requêtes de Frosine (II, 5).

Mais ce jeu bien calculé des contrastes, cette mise en œuvre d'effets divers, cet amalgame savant de procédés multiples, en un mot, cet art « étrange » et difficile de « faire rire les honnêtes gens » (*La Critique de l'École des femmes*), parviennent-ils à compenser le tragique des situations ?

Drame ou farce ?

Metteurs en scène et commentateurs ont depuis toujours oscillé entre ces deux interprétations. *L'Avare* devient farce ou drame au gré du goût et de la sensibilité des hommes et des époques.

Si dans sa *Lettre* du 15 septembre 1668 le gazetier Robinet parlait d'« un *Avare* qui divertit » et « d'un bout à l'autre [...] fait rire », et soulignait les « gais incidents » dont la comédie est riche, dès la première moitié du XVIIIe siècle, des préoccupations d'ordre moral prennent le dessus. En 1736, l'acteur Luigi Riccoboni considérait le comportement de Cléante et de Valère comme peu édifiant ; vingt-deux ans plus tard, Rousseau lancera contre *L'Avare* une condamnation restée célèbre :

> C'est un grand vice d'être avare et de prêter à l'usure, mais n'en est-ce pas un plus grand encore à un fils de voler son père, de lui manquer de respect, de lui faire mille insultants reproches, et, quand ce père irrité lui donne sa malédiction, de répondre d'un

air goguenard, qu'il n'a que faire de ses dons ? Si la plaisanterie est excellente, en est-elle moins punissable ? Et la pièce où l'on fait aimer le fils insolent qui l'a faite en est-elle moins une école de mauvaises mœurs ? (*Lettre à d'Alembert*)

À la fin du XVIIIe siècle, cependant, on incline vers une interprétation franchement comique de la pièce. Dans son *Lycée* (1799), l'historien de la littérature La Harpe, tout en critiquant le dénouement romanesque, écrivait que « *L'Avare* est l'une des pièces où il y a le plus d'intentions et d'effets comiques » ; et l'acteur Grandmesnil accentuait les gags et les jeux de scène amusants.

L'époque romantique et postromantique se plaira à assombrir les tonalités aussi bien qu'à exagérer les éléments cocasses. Goethe déjà reconnaissait que cette pièce, où « le vice détruit toute la piété qui unit le père et le fils », « a une grandeur extraordinaire et est à un haut degré tragique » (*Conversations avec Eckermann*, 1825). À la fin du siècle, le comédien Leloir fera d'Harpagon un personnage inquiétant, « à la voix incisive et criarde » (Maurice Descotes [5]), alors qu'Ernest Coquelin renforcera son côté plaisant. Drame ou farce, *L'Avare* ne rencontre toutefois pas, dans cette seconde moitié du siècle, la faveur du critique dramatique Francisque Sarcey, pour qui « la comédie de *L'Avare* a cet inconvénient qui n'est pas mince au théâtre : elle est morose et chagrine » (*Le Temps*, 13 octobre 1873).

Au XXe siècle les études critiques abandonnent en général les tons moralisants pour des voies plus objectives – histoire des idées, analyse sociologique, psychocritique – quoiqu'en 1951 Émile Fabre reprochât encore à Cléante des répliques qui ont « quelque chose d'estomaquant » (*Notre Molière*, 1951). De leur côté, acteurs et metteurs en scène héritent de la double tradition scénique. Si au début des années soixante Jacques Mauclair montait la comédie en en privilégiant les aspects bouffons et dans un film de 1979 Louis de Funès prêtait à Harpagon sa mimique hilarante, pour des comédiens tels que Jacques Copeau et Jean-Louis Barrault la pièce touche au tragique. « Si la comédie de *L'Imposteur* est la plus troublante que Molière ait écrite – notait Copeau – celle de *L'Avare* est la plus dure. J'allais dire : la plus méchante ; ou mieux : la plus ingrate. Ce n'est point de l'amertume, mais une aridité qui est dans les caractères, et dans le souffle trop violent des passions, qui attise les âmes, sans les attendrir. La jeunesse elle-même, que Molière adorait, en est moins exaltée que flétrie. Sa fleur est détruite. Elle n'a plus son beau visage » (*Registres II,*

Charles Dullin
dans le rôle d'Harpagon.

Molière). Et Jean-Louis Barrault commentait ainsi la réaction du maire de Tours à l'issue d'une représentation de *L'Avare* mis en scène par Charles Dullin, dont l'interprétation a toujours visé, pourtant, à rétablir l'équilibre entre farce et drame :

> M. le Maire félicite Dullin et ajoute : « La prochaine fois, tâchez de nous proposer une œuvre plus morale. Certains spectateurs ont été choqués. » Nous en rîmes, mais, au fond, le maire avait raison. Quelle sordide histoire que celle de *L'Avare* ! Il n'y a que l'amour forcené qui puisse la faire passer, ou le rire.
>
> Jouvet, pour juger un manuscrit, avait coutume de dire : « Accepterais-tu de vivre avec ces gens-là ? » Ce n'est pas toujours vrai, mais souvent utile d'y penser.
>
> Pour *L'Avare*, la question se pose. À part Élise et maître Jacques... et encore ! je n'en vois pas un seul « comestible ». (*Mes rencontres avec Molière*, 1976).

Observation banale, certes, mais sans doute vraie : la diversité de ces jugements et de ces interprétations ne peut qu'attester la vitalité de la pièce et confirmer la richesse du théâtre de Molière. Pour conclure, citons encore une fois un comédien célèbre. Dans ses *Témoignages sur le théâtre*, Louis Jouvet écrivait, en 1952 : « Depuis près de trois cents ans, il n'y a pas eu de journée où, quelque part dans ce pays, il n'ait été professé, prononcé, déclamé ou joué un texte de Molière, [...] où chaque génération, depuis trois siècles, n'ait déformé ou transformé à sa guise un texte dont la vertu essentielle est d'être indéfiniment adaptable à toutes les tendances et à toutes les turpitudes. »

Notes :

1. Cf. Sélection bibliographique.
2. Cf. Sélection bibliographique.
3. *Dom Garcie de Navarre* (1661), *La Princesse d'Élide* (1664), *Mélicerte* (1666), *Les Amants magnifiques* (1670).
4. Cf. Sélection bibliographique.
5. Cf. Sélection bibliographique.

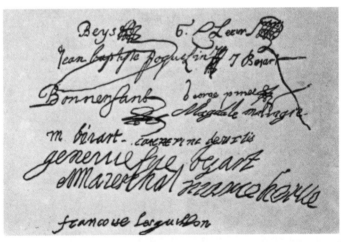

*Signatures des Comédiens de l'Illustre-Théâtre
sur l'acte de société du 30 juin 1643.*

Quentin Matsys, XVe-XVIe siècles.

En haut : *Les Changeurs.*   En bas : *Le prêteur et sa femme.*

L'Avarice par J. Bosch – XVe siècle.

L'Avarice – Livre des Bonnes mœurs de J. Le Grant – XVe siècle.

Le mauvais riche par F. Franken – XVIe siècle.

Crésus recevant le tribut d'un paysan par C. Vignon – XVIIe siècle.

Le diable d'argent, gravure satirique du XVIIe siècle.

Le trésor de l'Avare, tableau anonyme hollandais du XVIIe siècle.

*Caricature du bourgeois qui craint pour son or
par Daumier – XIXᵉ siècle.*

Illustration pour « Eugénie Grandet » par Florian – XIXᵉ siècle.

Repères Chronologiques

Vie et œuvre de Molière

1621	
1622	Naissance à Paris de Jean-Baptiste Poquelin.
1623	
1624	
1626	
1628	
1629	
1632	Mort de Marie Cressé, mère de Molière.
1633	Le père de Molière, Jean Poquelin, se marie en secondes noces avec Catherine Fleurette.
1635	Molière entre au collège de Clermont.
1636	Mort de Catherine Fleurette.
1637	
1639	
1640	Fin des études au collège de Clermont. Début des études de droit à Orléans. Molière se lie d'amitié avec les Béjart.
1641	
1642	

Contexte historique et culturel

Naissance de La Fontaine.

Richelieu est nommé cardinal.

Naissance de Pascal.

Richelieu est nommé premier ministre.

Naissance de Mme de Sévigné.

Mort de Malherbe.

Corneille, *Mélite*.

Fondation de l'Académie française.

Corneille, *Le Cid*. Descartes, *Discours de la méthode*.

Naissance de Racine.

Corneille, *Horace*.

Descartes, *Méditations*.

Mort de Richelieu. Mazarin, nommé cardinal, lui succède. Corneille, *Cinna*.

Vie et œuvre de Molière

1643	Fondation de l'Illustre-Théâtre.
1644	Débuts de la troupe à Paris. Jean-Baptiste Poquelin prend le pseudonyme de Molière.
1645	Emprisonnement pour dettes.
1646	Molière commence sa vie de comédien ambulant en province.
1647	
1648	
1649	
1650	Molière devient directeur de la troupe.
1652	
1653	La compagnie passe de la protection du duc d'Épernon à celle du prince de Conti.
1654	
1655	Création de *L'Étourdi* à Lyon.
1656	Création du *Dépit amoureux* à Béziers.
1657	Le prince de Conti, converti, retire son patronage à la troupe de Molière.
1658	Retour à Paris. La troupe s'installe au Petit-Bourbon sous la protection de Monsieur, frère du roi.
1659	*Les Précieuses ridicules.*

Contexte historique et culturel

Mort de Louis XIII. Début de la Régence d'Anne d'Autriche. Corneille, *Polyeucte*.

Naissance de La Bruyère.

Vaugelas, *Remarques sur la langue française.*

Début de la Fronde. Traité de Westphalie et fin de la guerre de Trente ans.

Descartes, *Traité des passions de l'âme.* Début de la publication du *Grand Cyrus* de Mlle de Scudéry.

Mort de Descartes.

Scarron, *Le Roman comique.*

Condamnation du jansénisme. Fouquet est nommé surintendant des Finances.

Début de la publication de *Clélie* de Mlle de Scudéry. Cyrano de Bergerac, *Œuvres diverses.*

Début de la publication des *Provinciales* de Pascal.

Abbé d'Aubignac, *La Pratique du Théâtre.*

Gassendi, *Œuvres complètes.*

Paix des Pyrénées. Corneille, *Œdipe.* Nicole, *Traité de la Comédie.*

Vie et œuvre de Molière

1660   *Sganarelle ou le Cocu imaginaire.*

1661   La troupe s'installe au Palais-Royal. *Dom Garcie de Navarre. L'École des maris. Les Fâcheux.*

1662   Mariage avec Armande Béjart. *L'École des femmes.* « Querelle de *L'École des femmes.* »

1663   *La Critique de l'École des femmes. L'Impromptu de Versailles.*

1664   Louis XIV est le parrain du premier-né de Molière, qui mourra dix mois plus tard. La troupe de Molière crée *La Thébaïde* de Racine. *Le Mariage forcé. La Princesse d'Élide. Le Tartuffe.* Début de la « cabale des dévots ». Interdiction du *Tartuffe.*

1665   Naissance de sa fille Esprit-Madeleine, le seul enfant qui lui survivra. Louis XIV accorde une pension à la troupe de Molière, qui devient la Troupe du roi. Molière tombe malade. Brouille avec Racine. *Dom Juan. L'Amour médecin.*

1666   *Le Misanthrope. Le Médecin malgré lui. Mélicerte.*

1667   Seconde représentation du *Tartuffe* sous le titre de *L'Imposteur.* Le président du Parlement de Paris, Lamoignon, fait interdire la pièce. *Le Sicilien ou l'Amour peintre.*

1668   *Amphitryon. George Dandin. L'Avare.*

1669   Mort du père de Molière. *Monsieur de Pourceaugnac.* Le roi lève l'interdiction de représenter *Le Tartuffe.* Triomphe de la pièce.

Contexte historique et culturel

Mariage de Louis XIV et de Marie-Thérèse d'Autriche. Début de la publication d'*Almahide* de Mlle de Scudéry. Le roi donne l'ordre de brûler les *Provinciales*.

Mort de Mazarin. Début du règne personnel de Louis XIV. Arrestation de Fouquet. Somaize, *Le Grand Dictionnaire des Précieuses*.

Colbert est nommé contrôleur général des Finances. Mort de Pascal. La Rochefoucauld, *Mémoires*.

Racine, *La Thébaïde*.

Condamnation de Fouquet. Nicole, *Les Imaginaires, ou Lettres sur l'hérésie imaginaire, suivies des « Visionnaires »*.

La Rochefoucauld, *Réflexions ou Sentences et Maximes morales*. La Fontaine, *Contes et Nouvelles* (première partie). Racine, *Alexandre*.

Mort d'Anne d'Autriche. Guerre avec l'Angleterre. Fondation de l'Académie des Sciences. Boileau, *Satires* (I-VI). La Fontaine, *Contes et Nouvelles* (deuxième partie). Prince de Conti, *Traité de la Comédie* (posthume). Abbé d'Aubignac, *Dissertation sur la condamnation des théâtres*.

Racine, *Andromaque*. Le rôle est créé par Thérèse Du Parc, qui quitte la troupe de Molière pour l'Hôtel de Bourgogne.

Paix d'Aix-la-Chapelle. La Fontaine, *Fables* (I-VI). Racine, *Les Plaideurs*.

Fondation de l'Académie Royale de Musique. *Lettres portugaises*. Racine, *Britannicus*.

Vie et œuvre de Molière

1670 *Les Amants magnifiques. Le Bourgeois gentilhomme.*

1671 *Psyché* (en collaboration avec Corneille et Quinault). *Les Fourberies de Scapin. La Comtesse d'Escarbagnas.*

1672 Mort de Madeleine Béjart. Naissance du dernier enfant de Molière, Pierre-Jean-Baptiste-Armand Poquelin, qui ne vivra que dix jours. *Les Femmes savantes.*

1673 Mort de Molière après la quatrième représentation du *Malade imaginare.*

1674

1677

1678

1680

Contexte historique et culturel

Bossuet, *Oraison funèbre d'Henriette d'Angleterre*. Pascal, *Pensées* (édition de Port-Royal). Corneille, *Titus et Bérénice*. Racine, *Bérénice*. Le Boulanger de Chalussay, *Élomire hypocondre* (satire contre Molière).

Début de la correspondance entre Mme de Sévigné et sa fille. La Fontaine, *Contes et Nouvelles* (troisième partie).

Déclaration de guerre à la Hollande et passage du Rhin. Louis XIV s'installe à Versailles. Lully obtient le monopole des représentations en musique. Racine, *Bajazet*.

Racine, *Mithridate*.

Conquête de la Franche-Comté. Boileau, *Art poétique*. Corneille, *Suréna*. Racine, *Iphigénie*.

Racine, *Phèdre*.

Traité de Nimègue. Mme de La Fayette, *La Princesse de Clèves*. La Fontaine, *Fables* (VII-XI).

Mort de La Rochefoucauld. Fondation de la Comédie-Française.

Madeleine Béjart.

Armande Béjart dite Mlle Molière.

P.Brissart. d.   J.Sauvé s.

L'AVARE

Frontispice de l'édition de 1682.

L'Avare

L'AVARE

PERSONNAGES

HARPAGON	Père de Cléante et d'Élise, et amoureux de Marianne.
CLÉANTE	Fils d'Harpagon, amant de Mariane.
ÉLISE	Fille d'Harpagon, amante de Valère.
VALÈRE	Fils d'Anselme, et amant d'Élise.
MARIANE	Amante de Cléante, et aimée d'Harpagon.
ANSELME	Père de Valère et de Mariane.
FROSINE	Femme d'intrigue.
MAÎTRE SIMON	Courtier.
MAÎTRE JACQUES	Cuisinier et cocher d'Harpagon.
LA FLÈCHE	Valet de Cléante.
DAME CLAUDE	Servante d'Harpagon.
BRINDAVOINE, LA MERLUCHE	Laquais d'Harpagon.
LE COMMISSAIRE ET SON CLERC.	

La scène est à Paris

Ces symboles indiquent le début et la fin des passages enregistrés.

* Les indications scéniques accompagnées de l'astérisque sont postérieures à la création de la pièce.

ACTE I

SCÈNE 1
VALÈRE, ÉLISE

VALÈRE. Hé quoi ? charmante Élise, vous devenez mélancolique, après les obligeantes [1] assurances que vous avez eu la bonté de me donner de votre foi [2] ? Je vous vois soupirer, hélas ! au milieu de ma joie ! Est-ce du regret, dites-moi, de m'avoir fait heureux, et vous repentez-vous de cet 5 engagement où [3] mes feux [4] ont pu vous contraindre ?

ÉLISE. Non, Valère, je ne puis pas me repentir de tout ce que je fais pour vous. Je m'y sens entraîner par une trop douce puissance, et je n'ai pas même la force de souhaiter que les choses ne fussent pas. Mais, à vous dire vrai, le succès [5] me donne de l'inquiétude ; et je crains fort de vous aimer un peu plus que je ne devrais.

---

1. *Obligeantes* : qui font plaisir, qui appellent la reconnaissance.
2. *Foi* (f.) : engagement, promesse de fidélité.
3. *Où* : auquel. Au XVIIe siècle, le pronom relatif *où* avait un emploi étendu.
4. *Mes feux* : mon amour.
5. *Succès* (m.) : issue, résultat.

VALÈRE. Hé ! que pouvez-vous craindre, Élise, dans les bontés
que vous avez pour moi ?

15 ÉLISE. Hélas ! cent choses à la fois : l'emportement d'un père, les
reproches d'une famille, les censures du monde [1] ; mais
plus que tout, Valère, le changement de votre cœur, et
cette froideur criminelle [2] dont ceux de votre sexe payent
le plus souvent les témoignages trop ardents d'une
20 innocente amour [3].

VALÈRE. Ah ! ne me faites pas ce tort, de juger de moi par les
autres. Soupçonnez-moi de tout, Élise, plutôt que de
manquer à [4] ce que je vous dois : je vous aime trop pour
cela, et mon amour pour vous durera autant que ma vie.

25 ÉLISE. Ah ! Valère, chacun tient les mêmes discours. Tous les
hommes sont semblables par les paroles ; et ce n'est que
les actions qui les découvrent différents.

VALÈRE. Puisque les seules actions font connaître ce que nous
sommes, attendez donc au moins à juger [5] de mon cœur
30 par elles, et ne me cherchez point des crimes [6] dans les
injustes craintes d'une fâcheuse prévoyance. Ne
m'assassinez point [7], je vous prie, par les sensibles [8] coups

---

1. *Les censures du monde* : les blâmes de la société.
2. *Criminelle* : qui fait souffrir.
3. *Amour* : au XVIIe siècle le mot *amour* est souvent au féminin.
   Aujourd'hui il n'est au feminin qu'au pluriel.
4. *Plutôt que de manquer à* : plutôt que de me soupçonner de manquer à.
5. *À juger* : de juger. Au XVIIe siècle les prépositions *de* et *à* étaient
   parfois employées indifféremment.
6. *Crimes* (m.) : mauvaises actions.
7. *Ne m'assassinez point* : ne me faites pas mourir de chagrin.
8. *Sensibles* : douloureux.

d'un soupçon outrageux, et donnez-moi le temps de vous convaincre, par mille et mille preuves, de l'honnêteté de mes feux.   35

ÉLISE. Hélas ! qu'avec facilité on se laisse persuader.par les personnes que l'on aime ! Oui, Valère, je tiens votre cœur incapable de m'abuser. Je crois que vous m'aimez d'un véritable amour, et que vous me serez fidèle ; je n'en veux point du tout douter, et je retranche mon chagrin [1] aux 40 appréhensions du blâme qu'on pourra me donner.

VALÈRE. Mais pourquoi cette inquiétude ?

ÉLISE. Je n'aurais rien à craindre, si tout le monde vous voyait des yeux dont [2] je vous vois, et je trouve en votre personne de quoi avoir raison aux choses [3] que je fais 45 pour vous. Mon cœur, pour sa défense, a tout votre mérite, appuyé du secours d'une reconnaissance où le Ciel m'engage envers vous. Je me représente à toute heure ce péril étonnant qui commença de nous offrir aux regards l'un de l'autre ; cette générosité surprenante qui 50 vous fit risquer votre vie, pour dérober [4] la mienne à la fureur des ondes ; ces soins pleins de tendresse que vous me fîtes éclater [5] après m'avoir tirée de l'eau, et les hommages assidus de cet ardent amour que ni le temps ni les difficultés n'ont rebuté, et qui, vous faisant négliger et 55 parents et patrie, arrête vos pas en ces lieux, y tient en ma

---

1. *Je retranche mon chagrin* : je borne mon inquiétude.
2. *Dont* : avec lesquels.
3. *De quoi avoir raison aux choses* : de quoi justifier les choses.
4. *Dérober* : soustraire.
5. *[La] tendresse que vous me fîtes éclater* : la tendresse que vous m'avez manifestée.

faveur votre fortune [1] déguisée, et vous a réduit, pour me voir, à vous revêtir de l'emploi de domestique [2] de mon père. Tout cela fait chez moi sans doute un merveilleux effet ; et c'en est assez à mes yeux pour me justifier l'engagement où j'ai pu consentir ; mais ce n'est pas assez peut-être pour le justifier aux autres, et je ne suis pas sûre qu'on entre dans mes sentiments [3].

VALÈRE. De tout ce que vous avez dit, ce n'est que par mon seul amour que je prétends auprès de vous mériter quelque chose ; et quant aux scrupules que vous avez, votre père lui-même ne prend que trop de soin de vous justifier à tout le monde ; et l'excès de son avarice, et la manière austère [4] dont il vit avec ses enfants pourraient autoriser des choses plus étranges [5]. Pardonnez-moi, charmante Élise, si j'en parle ainsi devant vous. Vous savez que sur ce chapitre on n'en peut pas dire de bien. Mais enfin, si je puis, comme je l'espère, retrouver mes parents, nous n'aurons pas beaucoup de peine à nous le rendre favorable. J'en attends des nouvelles avec impatience, et j'en irai chercher moi-même, si elles tardent à venir.

ÉLISE. Ah ! Valère, ne bougez d'ici [6], je vous prie ; et songez seulement à vous bien mettre dans l'esprit de mon père [7].

---

1. *Fortune* (f.) : rang, condition sociale.
2. *Domestique* (m. ou f.) : toute personne au service d'une maison. Chez Harpagon, Valère est intendant.
3. *Qu'on entre dans mes sentiments* : qu'on partage mes sentiments.
4. *Austère* : dure, sévère.
5. *Étranges* : terribles.
6. *Ne bougez d'ici* : ne bougez pas d'ici. Au XVIIe siècle, la deuxième partie de la négation était parfois omise.
7. *Vous bien mettre dans l'esprit de mon père* : gagner les bonnes grâces de mon père, vous faire bien voir.

VALÈRE. Vous voyez comme je m'y prends, et les adroites complaisances qu'il m'a fallu mettre en usage pour 80 m'introduire à son service ; sous quel masque de sympathie et de rapports de sentiments je me déguise pour lui plaire, et quel personnage je joue tous les jours avec lui, afin d'acquérir sa tendresse. J'y fais des progrès admirables ; et j'éprouve [1] que pour gagner les hommes, il 85 n'est point de meilleure voie que de se parer à leurs yeux de leurs inclinations, que de donner dans [2] leurs maximes, encenser [3] leurs défauts, et applaudir à ce qu'ils font. On n'a que faire d'avoir peur de trop charger [4] la complaisance ; et la manière dont on les joue a beau être 90 visible, les plus fins toujours sont de grandes dupes du côté de la flatterie ; et il n'y a rien de si impertinent [5] et de si ridicule qu'on ne fasse avaler lorsqu'on l'assaisonne en louange. La sincérité souffre un peu au métier que je fais ; mais quand on a besoin des hommes, il faut bien 95 s'ajuster [6] à eux ; et puisqu'on ne saurait les gagner que par là, ce n'est pas la faute de ceux qui flattent, mais de ceux qui veulent être flattés.

ÉLISE. Mais que [7] ne tâchez-vous aussi à gagner l'appui de mon frère, en cas que [8] la servante s'avisât de révéler notre 100 secret ?

---

1. *J'éprouve* : je constate.
2. *Donner dans* : approuver.
3. *Encenser* : flatter.
4. *Charger* : exagérer.
5. *Impertinent* : sot, déraisonnable, déplacé.
6. *S'ajuster* : s'adapter.
7. *Que* : pourquoi.
8. *En cas que* : au cas où.

VALÈRE. On ne peut pas ménager l'un et l'autre ; et l'esprit du père et celui du fils sont des choses si opposées, qu'il est difficile d'accommoder ces deux confidences ensemble [1]. Mais vous, de votre part, agissez auprès de votre frère, et servez-vous de l'amitié qui est entre vous deux pour le jeter dans nos intérêts. Il vient, je me retire. Prenez ce temps pour lui parler ; et ne lui découvrez de notre affaire que ce que vous jugerez à propos.

110 ÉLISE. Je ne sais si j'aurai la force de lui faire cette confidence.

---

1. *D'accommoder ces deux confidences ensemble* : de gagner à la fois la confiance du père et celle du fils.

SCÈNE 2
CLÉANTE, ÉLISE

CLÉANTE. Je suis bien aise de vous trouver seule, ma sœur ; et je brûlais de vous parler, pour m'ouvrir à vous d'un secret.

ÉLISE. Me voilà prête à vous ouïr, mon frère. Qu'avez-vous à me dire ?

CLÉANTE. Bien des choses, ma sœur, enveloppées dans un mot : j'aime. 115

ÉLISE. Vous aimez ?

CLÉANTE. Oui, j'aime. Mais avant que d'aller plus loin, je sais que je dépends d'un père, et que le nom de fils me soumet à ses volontés ; que nous ne devons point engager notre foi 120 sans le consentement de ceux dont nous tenons le jour ; que le Ciel les a faits les maîtres de nos vœux [1], et qu'il nous est enjoint de n'en disposer que par leur conduite [2], que n'étant prévenus [3] d'aucune folle ardeur, ils sont en état de se tromper bien moins que nous, et de voir 125 beaucoup mieux ce qui nous est propre ; qu'il en faut plutôt croire les lumières de leur prudence que l'aveuglement de notre passion ; et que l'emportement de la jeunesse nous entraîne le plus souvent dans des précipices fâcheux. Je vous dis tout cela, ma sœur, afin 130 que vous ne vous donniez pas la peine de me le dire ; car

---

1. *Vœux* (m.) : amour.
2. *Il nous est enjoint de n'en disposer que par leur conduite* : nous ne devons agir que sous leur direction.
3. *Prévenus* : influencés par des idées préconçues.

enfin mon amour ne veut rien écouter, et je vous prie de ne me point faire [1] de remontrances.

ÉLISE. Vous êtes-vous engagé, mon frère, avec celle que vous
135   aimez ?

CLÉANTE. Non, mais j'y suis résolu ; et je vous conjure encore une fois de ne me point apporter de raisons pour m'en dissuader.

ÉLISE. Suis-je, mon frère, une si étrange personne ?

140 CLÉANTE. Non, ma sœur ; mais vous n'aimez pas : vous ignorez la douce violence qu'un tendre amour fait sur nos cœurs, et j'appréhende [2] votre sagesse.

ÉLISE. Hélas ! mon frère, ne parlons point de ma sagesse. Il n'est personne qui n'en manque, du moins une fois en sa vie !
145   et si je vous ouvre mon cœur, peut-être serai-je à vos yeux bien moins sage que vous.

CLÉANTE. Ah ! plût au Ciel que votre âme, comme la mienne…

ÉLISE. Finissons auparavant votre affaire, et me dites [3] qui est celle que vous aimez.

150 CLÉANTE. Une jeune personne qui loge depuis peu en ces quartiers, et qui semble être faite pour donner de l'amour à tous ceux qui la voient. La nature, ma sœur, n'a rien formé de plus aimable [4] ; et je me sentis transporté dès le

---

1. *Ne me point faire* : ne point me faire. Noter la place du pronom complément, qui aujourd'hui se place devant l'infinitif.

2. *J'appréhende* : je crains.

3. *Finissons […] et me dites* : finissons […] et dites-moi. Au XVIIe siècle quand deux infinitifs étaient coordonnés, le pronom complément du deuxième se plaçait souvent devant ce dernier.

4. *Aimable* : au sens étymologique, qui inspire l'amour, digne d'être aimé.

moment que je la vis. Elle se nomme Mariane, et vit sous la conduite d'une bonne femme de mère [1], qui est presque 155 toujours malade, et pour qui cette aimable fille a des sentiments d'amitié qui ne sont pas imaginables. Elle la sert, la plaint, et la console avec une tendresse qui vous toucherait l'âme. Elle se prend [2] d'un air le plus charmant du monde aux choses qu'elle fait, et l'on voit briller mille 160 grâces en toutes ses actions : une douceur pleine d'attraits, une bonté tout engageante, une honnêteté adorable, une... Ah ! ma sœur, je voudrais que vous l'eussiez vue.

ÉLISE. J'en vois beaucoup, mon frère, dans les choses que vous 165 me dites ; et pour comprendre ce qu'elle est, il me suffit que vous l'aimez.

CLÉANTE. J'ai découvert sous main [3] qu'elles ne sont pas fort accommodées [4], et que leur discrète conduite a de la peine à étendre à tous leurs besoins le bien qu'elles peuvent 170 avoir [5]. Figurez-vous, ma sœur, quelle joie ce peut être que de relever la fortune d'une personne que l'on aime ; que de donner adroitement quelques petits secours aux modestes nécessités d'une vertueuse famille, et concevez quel déplaisir ce m'est de voir que, par l'avarice d'un 175 père, je sois dans l'impuissance de goûter cette joie, et de faire éclater à cette belle aucun témoignage de mon amour.

---

1. *Bonne femme de mère* : une mère âgée.
2. *Elle se prend* : elle s'intéresse, s'applique.
3. *Sous main* : secrètement.
4. *Accommodées* : riches.
5. *Leur discrète conduite* [...] *qu'elles peuvent avoir* : malgré un train de vie modeste, leur fortune ne suffit pas à satisfaire leurs besoins.

ÉLISE. Oui, je conçois assez, mon frère, quel doit être votre
180   chagrin.

CLÉANTE. Ah ! ma sœur, il est plus grand qu'on ne peut croire.
         Car enfin peut-on rien voir de plus cruel que cette
         rigoureuse épargne qu'on exerce sur nous, que cette
         sécheresse étrange [1] où l'on nous fait languir ? Et que
185   nous servira d'avoir du bien, s'il ne nous vient que dans
         le temps que nous ne serons plus dans le bel âge d'en
         jouir, et si pour m'entretenir même, il faut que maintenant
         je m'engage [2] de tous côtés, si je suis réduit avec vous à
         chercher tous les jours le secours des marchands, pour
190   avoir moyen de porter des habits raisonnables [3] ? Enfin
         j'ai voulu vous parler, pour m'aider à sonder mon père
         sur les sentiments où je suis ; et si je l'y trouve contraire,
         j'ai résolu d'aller en d'autres lieux, avec cette aimable
         personne, jouir de la fortune [4] que le Ciel voudra nous
195   offrir. Je fais chercher partout pour ce dessein de l'argent
         à emprunter ; et si vos affaires, ma sœur, sont semblables
         aux miennes, et qu'il faille que notre père s'oppose à nos
         désirs, nous le quitterons là tous les deux et nous
         affranchirons de cette tyrannie où nous tient depuis si
200   longtemps son avarice insupportable.

ÉLISE. Il est bien vrai que, tous les jours, il nous donne de plus en
         plus sujet de regretter la mort de notre mère, et que…

CLÉANTE. J'entends sa voix. Éloignons-nous un peu, pour nous
         achever notre confidence ; et nous joindrons après nos
205   forces pour venir attaquer la dureté de son humeur.

---

1. *Sécheresse étrange* : parcimonie excessive.
2. *Je m'engage* : je m'endette.
3. *Raisonnables* : convenables.
4. *Fortune* (f.) : sort, destin.

SCÈNE 3

HARPAGON, LA FLÈCHE

HARPAGON. Hors d'ici tout à l'heure [1], et qu'on ne réplique pas. Allons, que l'on détale de chez moi, maître juré filou [2], vrai gibier de potence.

LA FLÈCHE, *à part*.* Je n'ai jamais rien vu de si méchant que ce maudit vieillard et je pense, sauf correction [3], qu'il a le 210 diable au corps.

HARPAGON. Tu murmures entre tes dents.

LA FLÈCHE. Pourquoi me chassez-vous ?

HARPAGON. C'est bien à toi, pendard [4], à me demander des raisons ; sors vite, que [5] je ne t'assomme.   215

LA FLÈCHE. Qu'est-ce que je vous ai fait ?

HARPAGON. Tu m'as fait que je veux que tu sortes.

LA FLÈCHE. Mon maître, votre fils, m'a donné ordre de l'attendre.

HARPAGON. Va-t'en l'attendre dans la rue, et ne sois point dans ma maison planté tout droit comme un piquet, à observer 220 ce qui se passe, et faire ton profit de tout. Je ne veux point avoir sans cesse devant moi un espion de mes affaires, un traître, dont les yeux maudits assiègent [6] toutes mes

---

1. *Tout à l'heure* : tout de suite.
2. *Maître juré filou* : qui est passé maître dans l'art de filouter, c'est-à-dire de voler avec adresse. Dans les corporations, le *maître juré* était le maître élu comme représentant.
3. *Sauf correction* : sauf le respect que je vous dois.
4. *Pendard* : qui mérite d'être pendu.
5. *Que* : avant que.
6. *Assiègent* : surveillent de près et constamment.

actions, dévorent ce que je possède, et furètent [1] de tous
225   côtés pour voir s'il n'y a rien à voler.

LA FLÈCHE. Comment diantre [2] voulez-vous qu'on fasse pour
vous voler ? Êtes-vous un homme volable, quand vous
renfermez toutes choses, et faites sentinelle jour et nuit ?

HARPAGON. Je veux renfermer ce que bon me semble, et faire
230   sentinelle comme il me plaît. Ne voilà pas de mes
mouchards [3], qui prennent garde à ce qu'on fait ? *(À
part.)** Je tremble qu'il n'ait soupçonné quelque chose de
mon argent. *(Haut.)** Ne serais-tu point homme à aller
faire courir le bruit que j'ai chez moi de l'argent caché ?

235 LA FLÈCHE. Vous avez de l'argent caché ?

J.-L. Roussillon et G. Charmant (Comédie-Française).

1. *Furètent* : fouillent.
2. *Diantre* : diable.
3. *Mouchards* : (m.) : espions.

HARPAGON. Non, coquin, je ne dis pas cela. *(À part.)* J'enrage. *(Haut.)** Je demande si malicieusement [1] tu n'irais point faire courir le bruit que j'en ai.

LA FLÈCHE. Hé ! que nous importe que vous en ayez ou que vous n'en ayez pas, si c'est pour nous la même chose ?   240

HARPAGON. Tu fais le raisonneur. Je te baillerai [2] de ce raisonnement-ci par les oreilles. *(Il lève la main pour lui donner un soufflet.)* Sors d'ici, encore une fois.

LA FLÈCHE. Hé bien ! je sors.

HARPAGON. Attends. Ne m'emportes-tu rien ?   245

LA FLÈCHE. Que vous emporterais-je ?

HARPAGON. Viens çà [3], que je voie. Montre-moi tes mains.

LA FLÈCHE. Les voilà.

HARPAGON. Les autres [4].

LA FLÈCHE. Les autres ?   250

HARPAGON. Oui.

LA FLÈCHE. Les voilà.

HARPAGON, *désignant les hauts-de-chausses [5] de la Flèche.* N'as-tu rien mis ici dedans ?

LA FLÈCHE. Voyez vous-même.   255

---

1. *Malicieusement* : méchamment.
2. *Je te baillerai* : je te donnerai.
3. *Çà* : ici.
4. Ce gag des « autres » mains est repris directement de l'*Aulularia* de Plaute (IV, 4) où Euclion demande à l'esclave Strobile de lui montrer sa troisième main (cf. Introduction).
5. *Hauts-de-chausses* (m.) : culottes bouffantes serrées aux genoux.

HARPAGON, *tâtant le bas de ses chausses*. Ces grands hauts-de-
chausses sont propres à devenir les receleurs des choses
qu'on dérobe ; et je voudrais qu'on en eût fait pendre
quelqu'un[1].

260 LA FLÈCHE, *à part*. Ah ! qu'un homme comme cela mériterait bien
ce qu'il craint ! et que j'aurais de joie à le voler !

HARPAGON. Euh ?

LA FLÈCHE. Quoi ?

HARPAGON. Qu'est-ce que tu parles de voler ?

265 LA FLÈCHE. Je dis que vous fouillez bien partout, pour voir si je
vous ai volé.

Gravure d'après Boucher, 1734.

---

1. *Qu'on en eût fait pendre quelqu'un* : qu'on ait pendu quelqu'un de ces
gens qui recèlent dans leurs hauts-de-chausses ce qu'ils ont volé.

HARPAGON. C'est ce que je veux faire. *(Il fouille dans les poches de La Flèche.)*

LA FLÈCHE, *à part*. La peste soit de l'avarice et des avaricieux [1] !

HARPAGON. Comment ? que dis-tu ?

LA FLÈCHE. Ce que je dis ?   270

HARPAGON. Oui. Qu'est-ce que tu dis d'avarice et d'avaricieux !

LA FLÈCHE. Je dis que la peste soit de l'avarice et des avaricieux.

HARPAGON. De qui veux-tu parler ?

LA FLÈCHE. Des avaricieux.

HARPAGON. Et qui sont-ils ces avaricieux ?   275

LA FLÈCHE. Des vilains et des ladres [2].

HARPAGON. Mais qui est-ce que tu entends par là ?

LA FLÈCHE. De quoi vous mettez-vous en peine ?

HARPAGON. Je me mets en peine de ce qu'il faut.

LA FLÈCHE. Est-ce que vous croyez que je veux parler de vous ?   280

HARPAGON. Je crois ce que je crois ; mais je veux que tu me dises à qui tu parles quand tu dis cela.

LA FLÈCHE. Je parle … je parle à mon bonnet.

HARPAGON. Et moi, je pourrais bien parler à ta barrette [3].

---

1. *Avaricieux* : variante populaire d'avare.
2. *Des vilains et des ladres* : des avares.
3. *Barrette* (f.) : bonnet que portaient les paysans ou les laquais. *Parler à la barrette*, c'est réprimander quelqu'un (faire tomber sa *barrette* en lui donnant un soufflet).

285 LA FLÈCHE. M'empêcherez-vous de maudire les avaricieux ?

HARPAGON. Non ; mais je t'empêcherai de jaser [1], et d'être insolent. Tais-toi.

LA FLÈCHE. Je ne nomme personne.

HARPAGON. Je te rosserai [2], si tu parles.

290 LA FLÈCHE. Qui se sent morveux, qu'il se mouche.

HARPAGON. Te tairas-tu ?

LA FLÈCHE. Oui, malgré moi.

HARPAGON. Ha ! ha !

LA FLÈCHE, *lui montrant une des poches de son justaucorps* [3]. Tenez,
295   voilà encore une poche ; êtes-vous satisfait ?

HARPAGON. Allons, rends-le-moi sans te fouiller [4].

LA FLÈCHE. Quoi ?

HARPAGON. Ce que tu m'as pris.

LA FLÈCHE. Je ne vous ai rien pris du tout.

300 HARPAGON. Assurément ?

LA FLÈCHE. Assurément.

HARPAGON. Adieu : va-t'en à tous les diables.

---

1. *Jaser* : bavarder.
2. *Je te rosserai* : je te battrai avec violence.
3. *Justaucorps* (m.) : veste longue qui serrait la taille (« juste au corps »)
   et descendait sur les hanches.
4. *Sans te fouiller* : sans que je te fouille.

LA FLÈCHE, *à part.** Me voilà fort bien congédié.

HARPAGON. Je te le mets sur ta conscience [1], au moins ! *(Seul.)**
   Voilà un pendard de valet qui m'incommode fort, et je ne   305
   me plais point à voir ce chien de boiteux-là [2].

Grandmesnil, par J.-B. Désoria.

1. *Je te le mets sur ta conscience* : je pense que tu as un vol sur la
   conscience.
2. *Ce chien de boiteux-là* : le rôle de La Flèche avait été créé, c'est-à-dire
   joué la première fois, par le beau-frère de Molière, Louis Béjart, qui
   était effectivement boiteux.

SCÈNE 4

ÉLISE, CLÉANTE, HARPAGON

HARPAGON. Certes ce n'est pas une petite peine que de garder chez soi une grande somme d'argent ; et bienheureux qui a tout son fait [1] bien placé, et ne conserve seulement que ce qu'il faut pour sa dépense. On n'est pas peu embarrassé à inventer [2] dans toute une maison une cache [3] fidèle ; car pour moi, les coffres-forts me sont suspects, et je ne veux jamais m'y fier : je les tiens [4] justement une franche amorce à voleurs, et c'est toujours la première chose que l'on va attaquer. *(Harpagon se croyant seul.)* Cependant je ne sais si j'aurai bien fait d'avoir enterré dans mon jardin dix mille écus qu'on me rendit hier. Dix mille écus en or chez soi est une somme assez... *(Ici le frère et la sœur paraissent s'entretenant [5] bas.).*
Ô ciel ! je me serai trahi moi-même : la chaleur [6] m'aura emporté, et je crois que j'ai parlé haut en raisonnant tout seul. *(À Cléante et à Élise.)** Qu'est-ce ?

CLÉANTE. Rien, mon père.

HARPAGON. Y a-t-il longtemps que vous êtes là ?

ÉLISE. Nous ne venons que d'arriver.

HARPAGON. Vous avez entendu...

---

1. *Fait* (m.) : argent.
2. *Inventer* : trouver.
3. *Cache* (f.) : cachette.
4. *Je les tiens* : je les considère comme.
5. *S'entretenant* : conversant.
6. *Chaleur* (f.) : ardeur, passion.

CLÉANTE. Quoi, mon père ?

HARPAGON. Là…

ÉLISE. Quoi ?

HARPAGON. Ce que je viens de dire.

CLÉANTE. Non.   330

HARPAGON. Si fait [1], si fait.

ÉLISE. Pardonnez-moi.

HARPAGON. Je vois bien que vous en avez ouï quelques mots.
C'est que je m'entretenais en moi-même de la peine qu'il
y a aujourd'hui à trouver de l'argent, et je disais qu'il est 335
bienheureux qui [2] peut avoir dix mille écus chez soi.

CLÉANTE. Nous feignions [3] à vous aborder, de peur de vous
interrompre.

HARPAGON. Je suis bien aise de vous dire cela, afin que vous
n'alliez pas prendre les choses de travers et vous 340
imaginer que je dise que c'est moi qui ai dix mille écus.

CLÉANTE. Nous n'entrons point dans vos affaires.

HARPAGON. Plût à Dieu que je les eusse, dix mille écus !

CLÉANTE. Je ne crois pas…

HARPAGON. Ce serait une bonne affaire pour moi.   345

ÉLISE. Ce sont des choses…

HARPAGON. J'en aurais bon besoin.

---

1. *Si fait* : mais si.
2. *Qui* : celui qui.
3. *Nous feignions* : nous hésitions.

CLÉANTE. Je pense que…

HARPAGON. Cela m'accommoderait fort.

350 ÉLISE. Vous êtes…

HARPAGON. Et je ne me plaindrais pas, comme je fais, que le temps est misérable.

CLÉANTE. Mon Dieu ! mon père, vous n'avez pas lieu de vous plaindre, et l'on sait que vous avez assez de bien [1].

355 HARPAGON. Comment ? j'ai assez de bien ! Ceux qui le disent en ont menti. Il n'y a rien de plus faux ; et ce sont des coquins qui font courir tous ces bruits-là.

ÉLISE. Ne vous mettez point en colère.

HARPAGON. Cela est étrange, que mes propres enfants me 360 trahissent et deviennent mes ennemis !

CLÉANTE. Est-ce être votre ennemi, que de dire que vous avez du bien !

HARPAGON. Oui, de pareils discours et les dépenses que vous faites seront cause qu'un de ces jours on me viendra chez 365 moi couper la gorge, dans la pensée que je suis tout cousu de pistoles [2].

CLÉANTE. Quelle grande dépense est-ce que je fais ?

HARPAGON. Quelle ? Est-il rien de plus scandaleux que ce somptueux équipage [3] que vous promenez par la ville ? Je

---

1. *Bien* (m.) : fortune.
2. *Tout cousu de pistoles* : très riche. Les avares avaient coutume de coudre leur argent dans leurs habits, d'où l'expression *cousu d'or* pour désigner familièrement un homme riche. La pistole était une monnaie d'or provenant d'Espagne.
3. *Équipage* (m.) : tenue.

querellais hier votre sœur ; mais c'est encore pis. Voilà qui 370
crie vengeance au Ciel ; et à vous prendre depuis les
pieds jusqu'à la tête, il y aurait là de quoi faire une bonne
constitution [1]. Je vous l'ai dit vingt fois, mon fils, toutes
vos manières me déplaisent fort : vous donnez
furieusement dans le marquis [2] ; et pour aller ainsi vêtu, il 375
faut bien que vous me dérobiez.

CLÉANTE. Hé ! comment vous dérober ?

HARPAGON. Que sais-je ? Où pouvez-vous donc prendre de quoi
entretenir l'état [3] que vous portez ?

CLÉANTE. Moi, mon père ? C'est que je joue ; et comme je suis 380
fort heureux, je mets sur moi tout l'argent que je gagne.

HARPAGON. C'est fort mal fait. Si vous êtes heureux au jeu, vous
en devriez profiter, et mettre à honnête intérêt [4] l'argent

1. *Constitution* (f.) : placement, rente.
2. *Vous donnez furieusement dans le marquis* : vous singez de façon
   exagérée les marquis.
3. *État* (m.) : habillement, toilette.
4. *Mettre à honnête intérêt* : placer à de bonnes conditions.

385 que vous gagnez afin de le trouver un jour. Je voudrais bien savoir, sans parler du reste, à quoi servent tous ces rubans dont vous voilà lardé [1] depuis les pieds jusqu'à la tête, et si une demi-douzaine d'aiguillettes [2] ne suffit pas pour attacher un haut-de-chausses ? Il est bien nécessaire d'employer de l'argent à des perruques, lorsque l'on peut
390 porter des cheveux de son cru [3], qui ne coûtent rien. Je vais gager [4] qu'en perruques et rubans, il y a du moins [5] vingt pistoles ; et vingt pistoles rapportent par année dix-huit livres six sols huit deniers, à ne les placer qu'au denier douze [6].

395 CLÉANTE. Vous avez raison.

HARPAGON. Laissons cela, et parlons d'autre affaire. *(Apercevant Cléante et Élise qui font des signes.)** Euh ? *(À part.)** Je crois qu'ils se font signe l'un à l'autre de me voler ma bourse. *(Haut.)** Que veulent dire ces gestes-là ?

400 ÉLISE. Nous marchandons [7], mon frère et moi, à qui parlera le premier ; et nous avons tous deux quelque chose à vous dire.

HARPAGON. Et moi, j'ai quelque chose aussi à vous dire à tous deux.

---

1. *Lardé* : recouvert. Se dit de la viande que l'on pique de morceaux de lard.
2. *Aiguillettes* (f.) : lacets qui servaient à attacher le haut-de-chausses. La mode était de les dissimuler sous des rubans.
3. *Des cheveux de son cru* : des cheveux naturels.
4. *Gager* : parier.
5. *Du moins* : au moins.
6. *Au denier douze* : à un intérêt de un denier (monnaie valant la douzième partie du sou) pour douze deniers prêtés, c'est-à-dire un taux de 8,33 %. Le taux légal était de 5 % (denier vingt).
7. *Nous marchandons* : nous hésitons.

Le jeu de billard.

Le jeu de dés.

405 CLÉANTE. C'est de mariage, mon père, que nous désirons vous
        parler.

HARPAGON. Et c'est de mariage aussi que je veux vous entretenir.

ÉLISE. Ah ! mon père !

HARPAGON. Pourquoi ce cri ? Est-ce le mot, ma fille, ou la chose,
410   qui vous fait peur ?

CLÉANTE. Le mariage peut nous faire peur à tous deux, de la
        façon que vous pouvez l'entendre [1] ; et nous craignons
        que nos sentiments ne soient pas d'accord avec votre
        choix.

415 HARPAGON. Un peu de patience. Ne vous alarmez point. Je sais
        ce qu'il faut à tous deux ; et vous n'aurez ni l'un ni l'autre
        aucun lieu de vous plaindre de tout ce que je prétends
        faire. *(À Cléante.)** Et pour commencer par un bout, avez-
        vous vu, dites-moi, une jeune personne appelée Mariane,
420   qui ne loge pas loin d'ici ?

CLÉANTE. Oui, mon père.

HARPAGON. Et vous ?

ÉLISE. J'en ai ouï parler.

HARPAGON. Comment, mon fils, trouvez-vous cette fille ?

425 CLÉANTE. Une fort charmante personne.

HARPAGON. Sa physionomie ?

CLÉANTE. Tout honnête, et pleine d'esprit.

HARPAGON. Son air et sa manière ?

---

1. *De la façon que vous pouvez l'entendre* : vu la manière dont vous
    pouvez le concevoir.

CLÉANTE. Admirables, sans doute [1].

HARPAGON. Ne croyez-vous pas qu'une fille comme cela 430
   mériterait assez que l'on songeât à elle ?

CLÉANTE. Oui, mon père.

HARPAGON. Que ce serait un parti souhaitable ?

CLÉANTE. Très souhaitable.

HARPAGON. Qu'elle a toute la mine de faire un bon ménage [2] ?   435

CLÉANTE. Sans doute.

HARPAGON. Et qu'un mari aurait satisfaction avec elle ?

CLÉANTE. Assurément.

HARPAGON. Il y a une petite difficulté : c'est que j'ai peur qu'il
   n'y ait pas avec elle tout le bien qu'on pourrait prétendre.   440

CLÉANTE. Ah ! mon père, le bien n'est pas considérable [3], lorsqu'il
   est question d'épouser une honnête personne.

HARPAGON. Pardonnez-moi, pardonnez-moi. Mais ce qu'il y a à
   dire, c'est que si l'on n'y trouve pas tout le bien qu'on
   souhaite, on peut tacher de regagner cela sur autre chose.   445

CLÉANTE. Cela s'entend.

HARPAGON. Enfin je suis bien aise de vous voir dans mes
   sentiments ; car son maintien honnête et sa douceur
   m'ont gagné l'âme, et je suis résolu de l'épouser, pourvu
   que j'y trouve quelque bien.   450

---

1. *Sans doute* : sans aucun doute.
2. *Elle a toute la mine de faire un bon ménage* : elle saura être une bonne
   épouse et une bonne maîtresse de maison.
3. *Considérable* : important.

CLÉANTE. Euh ?

HARPAGON. Comment ?

CLÉANTE. Vous êtes résolu, dites-vous… ?

HARPAGON. D'épouser Mariane.

455 CLÉANTE. Qui ? vous ? vous ?

HARPAGON. Oui, moi, moi, moi. Que veut dire cela ?

CLÉANTE. Il m'a pris tout à coup un éblouissement, et je me retire d'ici.

HARPAGON. Cela ne sera rien. Allez vite boire dans la cuisine un
460   grand verre d'eau claire. Voilà de mes damoiseaux flouets [1], qui n'ont non plus [2] de vigueur que des poules. C'est là, ma fille, ce que j'ai résolu pour moi. Quant à ton frère, je lui destine une certaine veuve dont ce matin on m'est venu parler ; et pour toi, je te donne au seigneur [3]
465   Anselme.

ÉLISE. Au seigneur Anselme ?

HARPAGON. Oui, un homme mûr, prudent et sage, qui n'a pas plus de cinquante ans, et dont on vante les grands biens.

ÉLISE, *faisant la révérence*. Je ne veux point me marier, mon père,
470   s'il vous plaît.

---

1. *Damoiseaux flouets* : jeunes gens à la mode, élégants et délicats (*flouets* : fluets).
2. *N'ont non plus* : n'ont pas plus.
3. *Seigneur* (m.) : mise en usage par la comédie italienne, cette appellation n'équivalait pas à un titre, mais simplement à « Monsieur ».

HARPAGON, *contrefaisant la révérence*. Et moi, ma petite fille ma
    mie [1], je veux que vous vous mariiez, s'il vous plaît.

ÉLISE, *faisant encore la révérence.** Je vous demande pardon, mon
    père.

HARPAGON, *contrefaisant Élise.** Je vous demande pardon, ma fille. 475

ÉLISE. Je suis très humble servante au seigneur [2] Anselme ;
    *(Faisant encore la révérence.)** mais avec votre permission,
    je ne l'épouserai point.

HARPAGON. Je suis votre très humble valet ; *(Contrefaisant Élise.)**
    mais, avec votre permission, vous l'épouserez dès ce soir. 480

ÉLISE. Dès ce soir ?

HARPAGON. Dès ce soir.

ÉLISE, *faisant encore la révérence.** Cela ne sera pas, mon père.

HARPAGON, *contrefaisant encore Élise.* Cela sera, ma fille.

ÉLISE. Non.   485

HARPAGON. Si.

ÉLISE. Non, vous dis-je.

HARPAGON. Si, vous dis-je.

ÉLISE. C'est une chose où vous ne me réduirez point [3].

HARPAGON. C'est une chose où je te réduirai.   490

ÉLISE. Je me tuerai plutôt que d'épouser un tel mari.

---

1. *Ma mie* : m'amie. (Au XVIIᵉ siècle, mon/ma s'élidaient devant une
   voyelle).
2. *Servante au seigneur* : servante du seigneur. Formule de politesse.
3. *Où vous ne me réduirez point* : à laquelle vous ne m'obligerez pas.

HARPAGON. Tu ne te tueras point, et tu l'épouseras. Mais voyez quelle audace ! A-t-on jamais vu une fille parler de la sorte à son père ?

495 ÉLISE. Mais a-t-on jamais vu un père marier sa fille de la sorte ?

HARPAGON. C'est un parti où il n'y a rien à redire ; et je gage que tout le monde approuvera mon choix.

ÉLISE. Et moi, je gage qu'il ne saurait être approuvé d'aucune personne raisonnable.

500 HARPAGON, *apercevant Valère de loin.** Voilà Valère : veux-tu qu'entre nous deux nous le fassions juge de cette affaire ?

ÉLISE. J'y consens.

HARPAGON. Te rendras-tu à son jugement ?

ÉLISE. Oui, j'en passerai par ce qu'il dira. [1]

505 HARPAGON. Voilà qui est fait.

---

1. *J'en passerai par ce qu'il dira* : je me rangerai à son avis.

SCÈNE 5

VALÈRE, HARPAGON, ÉLISE

HARPAGON. Ici, Valère. Nous t'avons élu pour nous dire qui a raison, de ma fille ou de moi.

VALÈRE. C'est vous, Monsieur, sans contredit[1].

HARPAGON. Sais-tu bien de quoi nous parlons ?

VALÈRE. Non, mais vous ne sauriez avoir tort, et vous êtes toute raison[2]. 510

HARPAGON. Je veux ce soir lui donner pour époux un homme aussi riche que sage ; et la coquine me dit au nez qu'elle se moque de le prendre. Que dis-tu de cela ?

VALÈRE. Ce que j'en dis ? 515

HARPAGON. Oui.

VALÈRE. Eh, eh.

HARPAGON. Quoi ?

VALÈRE. Je dis que dans le fond je suis de votre sentiment ; et vous ne pouvez pas que vous n'ayez raison[3]. Mais aussi 520 n'a-t-elle pas tort tout à fait, et…

HARPAGON. Comment ? le seigneur Anselme est un parti

---

1. *Sans contredit* : assurément.
2. *Vous êtes toute raison* : vous avez tout à fait raison.
3. *Vous ne pouvez pas que vous n'ayez raison* : vous ne pouvez pas manquer d'avoir raison.

considérable, c'est un gentilhomme qui est noble [1], doux,
posé, sage, et fort accommodé, et auquel il ne reste aucun
525　enfant de son premier mariage. Saurait-elle mieux
rencontrer [2] ?

VALÈRE. Cela est vrai. Mais elle pourrait vous dire que c'est un
peu précipiter les choses, et qu'il faudrait au moins
quelque temps pour voir si son inclination pourra
530　s'accommoder avec…

HARPAGON. C'est une occasion qu'il faut prendre vite aux
cheveux. Je trouve ici un avantage qu'ailleurs je ne
trouverais pas, et il s'engage à la prendre sans dot.

VALÈRE. Sans dot ?

535　HARPAGON. Oui.

VALÈRE. Ah ! je ne dis plus rien. Voyez-vous ? voilà une raison
tout à fait convaincante ; il se faut rendre à cela.

HARPAGON. C'est pour moi une épargne considérable.

VALÈRE. Assurément, cela ne reçoit point [3] de contradiction. Il est
540　vrai que votre fille vous peut représenter [4] que le mariage
est une plus grande affaire qu'on ne peut croire ; qu'il y
va d'être heureux ou malheureux toute sa vie ; et qu'un
engagement qui doit durer jusqu'à la mort ne se doit
jamais faire qu'avec de grandes précautions.

---

1. *Un gentilhomme qui est noble* : à moins que l'on n'entende *noble* au
sens moral, comme l'ont fait certains commentateurs, l'expression
est pléonastique, car au XVIIe siècle un *gentilhomme* était un noble de
race.

2. *Mieux rencontrer* : rencontrer quelqu'un de mieux.

3. *Ne reçoit point* : n'admet pas.

4. *Représenter* : objecter.

**QEH Library
Bristol**

HARPAGON. Sans dot.   545

VALÈRE. Vous avez raison : voilà qui décide tout, cela s'entend. Il
  y a des gens qui pourraient vous dire qu'en de telles
  occasions l'inclination d'une fille est une chose sans doute
  où [1] l'on doit avoir de l'égard ; et que cette grande
  inégalité d'âge, d'humeur et de sentiments, rend un 550
  mariage sujet à des accidents très fâcheux.

HARPAGON. Sans dot.

VALÈRE. Ah ! il n'y a pas de réplique à cela: on le sait bien ; qui
  diantre peut aller là contre ? Ce n'est pas qu'il n'y ait
  quantité de pères qui aimeraient mieux ménager la 555
  satisfaction de leurs filles que l'argent qu'ils pourraient
  donner ; qui ne les voudraient point sacrifier à l'intérêt, et
  chercheraient plus que toute autre chose à mettre dans un
  mariage cette douce conformité qui sans cesse y maintient
  l'honneur, la tranquillité et la joie, et que…   560

HARPAGON. Sans dot.

VALÈRE. Il est vrai: cela ferme la bouche à tout, sans dot ! Le
  moyen de résister à une raison comme celle-là ?

HARPAGON, *à part, regardant vers le jardin* [2]. Ouais ! il me semble
  que j'entends un chien qui aboie. N'est-ce point qu'on en 565
  voudrait à mon argent ? *(À Valère.)** Ne bougez, je reviens
  tout à l'heure. *(Il sort.)**

ÉLISE. Vous moquez-vous, Valère, de lui parler comme vous
  faites ?

---

1. *Où* : pour laquelle.
2. *Regardant vers le jardin* : dans les mises en scène de *L'Avare*, le décor
   représente traditionnellement une salle avec, au fond, un jardin.

570 VALÈRE. C'est pour ne point l'aigrir, et pour en venir mieux à
        bout. Heurter de front ses sentiments est le moyen de tout
        gâter ; et il y a de certains esprits qu'il ne faut prendre
        qu'en biaisant [1], des tempéraments ennemis de toute
        résistance, des naturels rétifs [2], que la vérité fait cabrer,
575   qui toujours se raidissent contre le droit chemin de la
        raison, et qu'on ne mène qu'en tournant [3] où l'on veut les
        conduire. Faites semblant de consentir à ce qu'il veut,
        vous en viendrez mieux à vos fins, et...

    ÉLISE. Mais ce mariage, Valère ?

580 VALÈRE. On cherchera des biais pour le rompre.

    ÉLISE. Mais quelle invention trouver, s'il se doit conclure ce soir ?

    VALÈRE. Il faut demander un délai, et feindre quelque maladie.

    ÉLISE. Mais on découvrira la feinte, si l'on appelle des médecins.

    VALÈRE. Vous moquez-vous ? Y connaissent-ils quelque chose ?
585   Allez, allez, vous pourrez avec eux avoir quel mal il vous
        plaira [4], ils vous trouveront des raisons pour vous dire
        d'où cela vient.

    HARPAGON, *à part, dans le fond du théâtre.** Ce n'est rien, Dieu
        merci.

590 VALÈRE, *sans voir Harpagon.** Enfin notre dernier recours, c'est
        que la fuite nous peut mettre à couvert de tout ; et si votre
        amour, belle Élise, est capable d'une fermeté... *(Il aperçoit*

---

1. *En biaisant* : en usant de finesse, en rusant.
2. *Rétifs* : récalcitrants.
3. *En tournant* : par des chemins détournés.
4. *Quel mal il vous plaira* : le mal qu'il vous plaira.

Harpagon.) Oui, il faut qu'une fille obéisse à son père. Il ne faut point qu'elle regarde comme un mari est fait, et lorsque la grande raison de *sans dot* s'y rencontre, elle doit   595 être prête à prendre tout ce qu'on lui donne.

HARPAGON. Bon. Voilà bien parlé, cela.

VALÈRE. Monsieur, je vous demande pardon si je m'emporte un peu et prends la hardiesse de lui parler comme je fais.

HARPAGON. Comment ? j'en suis ravi, et je veux que tu prennes   600 sur elle un pouvoir absolu. *(À Élise.)* Oui, tu as beau fuir. Je lui donne l'autorité que le Ciel me donne sur toi, et j'entends que tu fasses tout ce qu'il te dira.

VALÈRE, *à Élise.** Après cela, résistez à mes remontrances. Monsieur, je vais la suivre, pour lui continuer les leçons   605 que je lui faisais.

HARPAGON. Oui, tu m'obligeras [1]. Certes…

VALÈRE. Il est bon de lui tenir un peu la bride haute [2].

HARPAGON. Cela est vrai. Il faut…

VALÈRE. Ne vous mettez pas en peine. Je crois que j'en viendrai à   610 bout.

HARPAGON. Fais, fais. Je m'en vais faire un petit tour en ville, et reviens tout à l'heure.

VALÈRE, *adressant la parole à Élise, en s'en allant du côté par où elle est sortie.** Oui, l'argent est plus précieux que toutes les choses du monde, et vous devez rendre grâces au Ciel de   615

---

1. *Tu m'obligeras* : tu me feras plaisir, tu me rendras service.
2. *Lui tenir un peu la bride haute* : se montrer sévère avec elle.

l'honnête homme de père qu'il vous a donné. Il sait ce que c'est que de vivre. Lorsqu'on s'offre de prendre une fille *sans dot*, on ne doit point regarder plus avant. Tout est renfermé là-dedans, et sans dot tient de beauté, de jeunesse, de naissance, d'honneur, de sagesse et de probité.

HARPAGON, *seul*.* Ah ! le brave garçon ! Voilà parlé comme un oracle. Heureux qui peut avoir un domestique de la sorte !

Acte I

Scène 1

L'action

1. D'après les règles de la dramaturgie classique, la première scène d'une pièce, appelée scène d'exposition, doit fournir au spectateur, à travers le dialogue de deux personnages, une partie des données essentielles à la compréhension de l'action qui va suivre. En quoi cette première scène de *L'Avare* est-elle une scène d'exposition ?

2. Valère et Élise se sont connus dans des circonstances romanesques, c'est-à-dire dignes, par leur caractère invraisemblable, de figurer dans un roman. Quelle est la fonction de cet aspect romanesque de la rencontre des deux jeunes amoureux ?

3. Quelles questions le spectateur se pose-t-il à la fin de cette première scène ?

Les personnages

1. Comment Harpagon est-il présenté au cours de cette scène ?

2. Quelles sont les différentes raisons invoquées par Élise pour justifier ses craintes ? Quelle image de la jeune fille ces arguments reflètent-ils ? Sur quoi se fonde son amour pour Valère ? Répondez à ces questions en essayant de faire ressortir la complexité du personnage.

3. Montrez comment le personnage de Valère ne répond qu'en partie au type conventionnel du jeune amoureux.

4. Que révèlent les paroles de Valère vers la fin de la scène sur les rapports entre Harpagon et son fils Cléante ? Que suggèrent en général les observations de Valère sur les relations au sein de la famille d'Harpagon ?

La langue et l'expression

1. Analysez le langage amoureux utilisé par Valère. Par quelles images le jeune homme s'exprime-t-il ? Quel est le rythme de sa première réplique ? Quelle impression produit-il ?

2. Relevez les expressions qui dénotent chez Élise un tempérament doux et vulnérable.

3. Que signifie l'adjectif *mélancolique* à la ligne 1 ? Cherchez dans le dictionnaire le sens du mot *mélancolie* au XVIIe siècle.

Les thèmes

1. Quels sont les deux thèmes principaux amorcés dans cette scène ? Comment sont-ils présentés ?

Scène 2

L'action

1. Expliquez pourquoi l'unité d'action est ici menacée.

2. Pourquoi le fait que Cléante soit lui aussi amoureux est-il important au point de vue dramatique ?

Les personnages

1. Quelle est l'image que Cléante se fait de sa sœur ? Correspond-elle à l'image qu'Élise a donnée d'elle-même au cours de la scène précédente ?

2. Relevez les principaux traits du caractère de Cléante tels qu'ils se dégagent de cette scène.

3. Pourquoi Élise ne fait-elle qu'un demi-aveu à son frère et ne se confie-t-elle pas entièrement à lui ?

4. En quoi le portrait de Mariane brossé par Cléante répond-il aux clichés du genre ? Quel est l'effet produit par la description de la situation familiale de la jeune fille ?

5. Comment Cléante peint-il son père ? Que nous apprend encore cette scène sur la famille d'Harpagon ?

La langue et l'expression

1. Commentez la longue réplique de Cléante au début de la scène (l. 118-133) en en étudiant les thèmes, la structure, le vocabulaire et le ton.

2. L'oxymoron est une figure de rhétorique qui consiste à allier deux termes antithétiques (exemple : glace brûlante, sombre lumière). Trouvez, dans cette scène, un exemple d'oxymoron dans les paroles de Cléante.

3. En vous aidant du dictionnaire, précisez le sens du mot *honnêteté* (l. 162) et de l'expression *honnête homme* au XVIIe siècle. Que signifient-ils aujourd'hui ?

Les thèmes

1. Quels sont les aspects du thème de l'amour amorcés dans la scène 1 et développés ici ?

A N A L Y S E

Scène 3

L'action

1. En quoi cette scène contraste-t-elle avec les deux scènes précédentes ?

Les personnages

1. L'apparition d'Harpagon surprend-elle le spectateur ? Qu'ajoute-t-elle à l'image que ce dernier s'est déjà fait de l'avare ?

2. Sous l'Ancien Régime, la coutume était de donner des sobriquets aux laquais (cf. note 5 page 84). Que vous suggère celui de La Flèche ? Quels sont les principaux traits de caractère du valet qui apparaissent dans cette scène ?

3. Sur quelle base la relation maître-serviteur est-elle fondée ?

Le comique

1. Relevez les techniques du comique (comique de mots, de gestes, de situation et de caractère) utilisées dans cette scène, en donnant des exemples pour chacune.

La langue et l'expression

1. Dressez la liste des expressions employées par Harpagon pour appeler son valet et, parallèlement, celle des expressions par lesquelles la Flèche définit son maître.

2. Relevez, dans la syntaxe, la ponctuation et le vocabulaire, les procédés qui soulignent la personnalité d'Harpagon.

3. Expliquez le sens du dicton : « Qui se sent morveux, qu'il se mouche » (l. 290).

4. La tautologie est la répétition d'une même idée en termes différents. Trouvez dans cette scène un exemple de proposition tautologique où l'idée est en outre exprimée en termes identiques.

Les thèmes

1. Le thème de l'avarice, annoncé dans les deux scènes précédentes, triomphe ici. Montrez comment, dès sa première manifestation, ce vice apparaît chez Harpagon obsessionnel et névrotique.

Scène 4

L'action

1. Analysez la structure de cette scène.

2. Relevez tous les éléments qui contribuent à créer le suspense et à annoncer les péripéties futures.

Les personnages

1. Analysez le rapport père-enfants tel qu'il se manifeste dans cette scène et comparez-le au rapport maître-valet dans la scène précédente.

2. Quels différents aspects de sa personnalité Élise révèle-t-elle au cours de cette scène ?

3. Soulignez les nouveaux traits du caractère d'Harpagon qui apparaissent ici. Pourquoi, avant de déclarer ouvertement son intention d'épouser Mariane, pose-t-il à Cléante de nombreuses questions sur la jeune fille ?

4. Que laisse sous-entendre la phrase « dix mille écus qu'on me rendit hier » (l. 317) sur les activités du vieil avare ?

5. Que nous apprend encore cette scène sur Cléante ?

Le comique

1. Étudiez dans cette scène l'alternance de comique et de tension dramatique.

La langue et l'expression

1. Quels modes verbaux Harpagon emploie-t-il de préférence dans le passage qui va de la ligne 343 à la ligne 352) ? Pourquoi ?

2. Relevez dans les répliques d'Harpagon des expressions particulièrement colorées. Que trahissent-elles ?

3. Par quels mots le conflit entre Cléante et son père est-il souligné à la fin de la deuxième partie de la scène ?

4. Expliquez le sens du mot *éblouissement* (l. 457).

Les thèmes

1. Quel nouveau thème se substitue ici à celui de l'amour ? Quel en est l'enjeu dramatique ?

Scène 5

L'action

1. Faites le plan de cette scène. Qu'est-ce qui en souligne le découpage ?

2. Cette scène a-t-elle un intérêt au point de vue de l'action ?

Les personnages

1. Dans sa mise en pratique de l'hypocrisie, Valère se montre-t-il à la hauteur des théories qu'il avait exposées dans la scène 1 et sur lesquelles il revient ici ? Quels sont, concrètement, les moyens dont il use pour flatter Harpagon ?

2. Énumérez les arguments fournis par Harpagon à l'appui du mariage d'Élise avec Anselme et ceux de Valère en faveur du mariage d'amour. Au nom de quels sentiments ces deux personnages parlent-ils ?

3. L'attitude d'Élise dans cette scène confirme certains traits de son caractère. Lesquels ?

Le comique

1. Pourquoi la flatterie déclenche-t-elle le rire ?

2. Analysez l'effet comique provoqué par la répétition de l'expression *sans dot*.

3. En quoi la dernière phrase d'Harpagon est-elle comique ?

La langue et l'expression

1. Relevez les formules qui définissent l'art de l'hypocrisie et de la flatterie d'après Valère.

2. Quelle est la fonction du conditionnel employé par Valère dans la première partie de cette scène ? Comment le langage du jeune homme (syntaxe et vocabulaire) change-t-il dans la dernière partie ?

Les thèmes

1. Dans cette scène, il est fait allusion à un thème qui, dans l'œuvre de Molière, apparaît comme un véritable *leitmotiv*. Lequel ? Pourquoi cette allusion, d'après vous ?

Sur l'ensemble de l'acte I

1. Résumez les principaux faits exposés au cours de ces cinq premières scènes.

2. Vers quel personnage la curiosité du spectateur se tourne-t-elle à la fin de l'acte I ?

3. Brossez un bref portrait d'Harpagon tel qu'il est présenté ici.

4. Comparez l'attitude de Cléante et de Valère face à l'amour, et celle de Cléante et d'Élise face à l'autorité paternelle.

5. Quel est le ton dominant dans cet acte, comique ou dramatique ?

6. Dressez la liste des mots rencontrés dans cet acte dont le sens a changé depuis le XVIIe siècle.

7. Relevez quelques formes syntaxiques en usage au XVIIe siècle, qui seraient considérées aujourd'hui comme incorrectes.

8. Autour de quels thèmes principaux l'action de la comédie est-elle engagée ?

ACTE II

SCÈNE 1
CLÉANT, LA FLÈCHE

CLÉANTE. Ah ! traître que tu es, où t'es-tu donc allé fourrer ? Ne 625
    t'avais-je pas donné ordre…

LA FLÈCHE. Oui, Monsieur, et je m'étais rendu ici pour vous
    attendre de pied ferme ; mais Monsieur votre père, le
    plus malgracieux des hommes, m'a chassé dehors malgré
    moi, et j'ai couru le risque d'être battu. 630

CLÉANTE. Comment va notre affaire ? Les choses pressent plus
    que jamais ; et depuis que je ne t'ai vu, j'ai découvert que
    mon père est mon rival.

LA FLÈCHE. Votre père amoureux ?

CLÉANTE. Oui ; et j'ai eu toutes les peines du monde à lui cacher 635
    le trouble où cette nouvelle m'a mis.

LA FLÈCHE. Lui se mêler d'aimer ! De quoi diable s'avise-t-il[1] ? Se

---

1.   *De quoi* […] *s'avise-t-il ?* : que lui prend-il ?

moque-t-il du monde ? Et l'amour a-t-il été fait pour des gens bâtis[1] comme lui ?

640 CLÉANTE. Il a fallu, pour mes péchés[2], que cette passion lui soit venue en tête.

LA FLÈCHE. Mais par quelle raison lui faire un mystère de votre amour ?

CLÉANTE. Pour lui donner moins de soupçon, et me conserver au
645 besoin des ouvertures[3] plus aisées pour détourner ce mariage. Quelle réponse t'a-t-on faite ?

LA FLÈCHE. Ma foi ! Monsieur, ceux qui empruntent sont bien malheureux ; et il faut essuyer[4] d'étranges choses lorsqu'on en est réduit à passer, comme vous, par les
650 mains des fesse-mathieux[5].

CLÉANTE. L'affaire ne se fera point ?

LA FLÈCHE. Pardonnez-moi. Notre maître Simon, le courtier[6] qu'on nous a donné, homme agissant[7] et plein de zèle, dit qu'il a fait rage[8] pour vous ; et il assure que votre seule
655 physionomie lui a gagné le cœur.

CLÉANTE. J'aurai les quinze mille francs que je demande ?

---

1. *Bâtis* : faits.
2. *Pour mes péchés* : pour expier mes péchés.
3. *Ouvertures* (f.) : moyens, possibilités d'action.
4. *Essuyer* : supporter, subir.
5. *Fesse-mathieux* (m.) : usuriers. Le mot vient probablement de l'expression : *fesser Saint-Matthieu* (pour lui soutirer de l'argent). L'évangéliste, qui avant sa conversion avait pratiqué l'usure, était devenu le patron des usuriers.
6. *Courtier* (m.) : intermédiaire.
7. *Agissant* : actif.
8. *Il a fait rage* : il a fait l'impossible.

LA FLÈCHE. Oui, mais à quelques petites conditions, qu'il faudra que vous acceptiez, si vous avez dessein que les choses se fassent.

CLÉANTE. T'a-t-il fait parler à celui qui doit prêter l'argent ?   660

LA FLÈCHE. Ah ! vraiment, cela ne va pas de la sorte. Il apporte encore plus de soin à se cacher que vous, et ce sont des mystères bien plus grands que vous ne pensez. On ne veut point du tout dire son nom, et l'on doit aujourd'hui l'aboucher[1] avec vous, dans une maison empruntée, pour   665 être instruit, par votre bouche, de votre bien et de votre famille ; et je ne doute point que le seul nom de votre père ne rende les choses faciles.

CLÉANTE. Et principalement notre mère étant morte, dont on ne peut m'ôter le bien[2].   670

LA FLÈCHE. Voici quelques articles qu'il a dictés lui-même à notre entremetteur[3], pour vous être montrés, avant que de rien faire[4] :

Supposé que le prêteur voie toutes ses sûretés[5], et que l'emprunteur soit majeur, et d'une famille où le bien soit ample,   675 *solide, assuré, clair, et net de tout embarras[6], on fera une bonne et exacte obligation[7] par-devant un notaire, le plus honnête*

---

1. *Aboucher* : mettre en contact.
2. *Notre mère étant morte* […] *m'ôter le bien* : le mari n'héritait pas des biens de sa femme, qui revenaient aux enfants au moment de leur majorité, c'est-à-dire à 25 ans.
3. *Entremetteur* (m.) : intermédiaire.
4. *Pour vous* […] *rien faire* : pour qu'ils vous soient montrés avant de conclure quoi que ce soit.
5. *Que le prêteur voie toutes ses sûretés* : qu'il ait toutes les garanties.
6. *Net de tout embarras* : sans dettes, sans hypothèques.
7. *Obligation* (f.) : acte par lequel l'emprunteur s'engage à rembourser la somme due.

homme qu'il se pourra, et qui, pour cet effet, sera choisi par le
prêteur, auquel il importe le plus que l'acte soit dûment dressé.

680　CLÉANTE. Il n'y a rien à dire à cela.

LA FLÈCHE. *Le prêteur, pour ne charger sa conscience d'aucun*
scrupule, prétend ne donner son argent qu'au denier dix-
huit [1].

CLÉANTE. Au denier dix-huit ? Parbleu ! voilà qui est honnête. Il
685　n'y a pas lieu de se plaindre.

LA FLÈCHE. Cela est vrai.
Mais comme ledit prêteur n'a pas chez lui la somme dont il est
question, et que pour faire plaisir à l'emprunteur, il est
contraint lui-même de l'emprunter d'un autre, sur le pied du
690　*denier cinq* [2], *il conviendra que ledit premier emprunteur paye*
cet intérêt, sans préjudice du reste, attendu que ce n'est que
pour l'obliger que ledit prêteur s'engage à cet emprunt.

CLÉANTE. Comment diable ! quel Juif, quel Arabe [3] est-ce là ?
C'est plus qu'au denier quatre [4].

695　LA FLÈCHE. Il est vrai ; c'est ce que j'ai dit. Vous avez à voir [5] là-
dessus.

CLÉANTE. Que veux-tu que je voie ? J'ai besoin d'argent ; et il faut
bien que je consente à tout.

LA FLÈCHE. C'est la réponse que j'ai faite.

---

1. *Denier dix-huit* : taux d'intérêt de 5,55 %, un peu plus du taux légal.
2. *Sur le pied du denier cinq* : à un taux d'intérêt de 20 %. (*Sur le pied* : sur la base).
3. *Quel Juif, quel Arabe* : expressions offensantes pour taxer quelqu'un d'avarice.
4. *Denier quatre* : intérêt de 25%.
5. *Voir* : réfléchir.

CLÉANTE. Il y a encore quelque chose ?   700

LA FLÈCHE. Ce n'est plus qu'un petit article.

> *Des quinze mille francs qu'on demande, le prêteur ne pourra*
> *compter en argent que douze mille livres, et pour les mille écus* [1]
> *restants, il faudra que l'emprunteur prenne les hardes* [2]*,*
> *nippes* [3]*, et bijoux dont s'ensuit le mémoire* [4]*, et que ledit*   705
> *prêteur a mis, de bonne foi, au plus modique prix qu'il lui à été*
> *possible.*

CLÉANTE. Que veut dire cela ?

LA FLÈCHE. Écoutez le mémoire.

> *Premièrement, un lit de quatre pieds* [5]*, à bandes de points de*   710
> *Hongrie* [6]*, appliquées fort proprement* [7] *sur un drap de couleur*
> *d'olive, avec six chaises et là courtepointe de même : le tout bien*
> *conditionné* [8]*, et doublé d'un petit taffetas changeant rouge et*
> *bleu.*
>
> *Plus, un pavillon à queue* [9]*, d'une bonne serge d'Aumale* [10]   715
> *rose-sèche, avec le mollet* [11] *et les franges de soie.*

1. *Mille écus* : écus d'argent. Mille écus d'argent valaient douze mille livres.

2. *Hardes* (f.) : vêtements.

3. *Nippes* (f.) : meubles.

4. *Dont s'ensuit le mémoire* : dont la liste suit.

5. *Un lit de quatre pieds* : un lit d'enfant. Le pied était une mesure de longueur correspondant à 33 cm environ.

6. *Point de Hongrie* : point de broderie.

7. *Proprement* : avec élégance.

8. *Bien conditionné* : en bon état.

9. *Un pavillon à queue* : ciel de lit en forme de tente, fixé au plafond.

10. *Serge d'Aumale* : tissu de laine légère fabriqué à Aumale, petite ville de Normandie.

11. *Mollet* (m.) : bordure de tapisserie.

CLÉANTE. Que veut-il que je fasse de cela ?

LA FLÈCHE. Attendez.

720   *Plus, une tenture de tapisserie des amours de Gombaut et de Macée* [1].

Plus, une grande table de bois de noyer, à douze colonnes ou piliers tournés [2], *qui se tire par les deux bouts, et garnie par le dessous de ses six escabelles* [3].

CLÉANTE. Qu'ai-je affaire, morbleu… [4] ?

725   LA FLÈCHE. Donnez-vous patience [5].

Plus, trois gros mousquets [6] *tout garnis de nacre de perles, avec les trois fourchettes* [7] *assortissantes.*

Plus, un fourneau de brique, avec deux cornues [8]*, et trois récipients, fort utiles à ceux qui sont curieux de distiller.*

730   CLÉANTE. J'enrage.

LA FLÈCHE. Doucement.

Plus, un luth [9] *de Bologne, garni de toutes ses cordes, ou peu s'en faut.*

Plus, un trou-madame [10]*, et un damier, avec un jeu de l'oie*

---

1. *Gombaud et Macée* : héros d'un roman pastoral en vogue au XVIe siècle.
2. *Piliers tournés* : pieds de table façonnés au tour, à la mode sous Louis XIII.
3. *Escabelles* (f.) : petits sièges de bois qui n'étaient plus d'usage à l'époque de Molière.
4. *Morbleu* : juron.
5. *Donnez-vous patience* : patientez.
6. *Mousquets* (m.) : armes à feu.
7. *Fourchettes* (f.) : supports pour mousquets.
8. *Cornues* (f.) : vases à col étroit et courbé utilisés pour la distillation.
9. *Luth* (m.) : instrument de musique à cordes.
10. *Trou-madame* (m.) : jeu de boules.

Le jeu de dames.

Le jeu de boules.

735   *renouvelé des Grecs, fort propres à passer le temps lorsque l'on*
        n'a que faire.
        Plus, une peau d'un lézard, de trois pieds et demi, remplie de
        foin, curiosité agréable pour pendre au plancher [1] *d'une*
        chambre.
740   *Le tout, ci-dessus mentionné, valant loyalement plus de quatre*
        mille cinq cents livres, et rabaissé à la valeur de mille écus, par
        la discrétion [2] *du prêteur.*

CLÉANTE. Que la peste l'étouffe avec sa discrétion, le traître, le
        bourreau qu'il est ! A-t-on jamais parlé d'une usure
745   semblable ? Et n'est-il pas content du furieux [3] intérêt
        qu'il exige, sans vouloir encore m'obliger à prendre, pour
        trois mille livres, les vieux rogatons [4] qu'il ramasse ? Je
        n'aurai pas deux cents écus de tout cela ; et cependant il
        faut bien me résoudre à consentir à ce qu'il veut, car il est
750   en état de me faire tout accepter, et il me tient, le scélérat,
        le poignard sur la gorge.

LA FLÈCHE. Je vous vois, Monsieur, ne vous en déplaise, dans le
        grand chemin justement que tenait Panurge pour se
        ruiner, prenant argent d'avance, achetant cher, vendant à
755   bon marché, et mangeant son blé en herbe [5].

CLÉANTE. Que veux-tu que j'y fasse ? Voilà où les jeunes gens
        sont réduits par la maudite avarice des pères ; et on
        s'étonne après cela que les fils souhaitent qu'ils meurent.

---

1. *Plancher* (m.) : plafond.
2. *Discrétion* (f.) : modération.
3. *Furieux* : exorbitant.
4. *Rogatons* (m.) : objets sans valeur.
5. *Le grand chemin* [...] *blé en herbe* : allusion à un épisode du *Tiers Livre* de Rabelais (chap. 2), où Panurge, le fidèle compagnon de Pantagruel, devient châtelain de Salmigondis et dilapide en quelques jours tout le revenu de ses nouvelles propriétés.

LA FLÈCHE. Il faut avouer que le vôtre animerait contre sa
vilanie [1] le plus posé homme du monde. Je n'ai pas, Dieu 760
merci, les inclinations fort patibulaires [2] ; et parmi mes
confrères que je vois se mêler de beaucoup de petits
commerces, je sais tirer adroitement mon épingle du jeu [3],
et me démêler prudemment de toutes les galanteries [4] qui
sentent tant soit peu l'échelle [5] ; mais, à vous dire vrai, il 765
me donnerait, par ses procédés, des tentations de le
voler ; et je croirais, en le volant, faire une action
méritoire.

CLÉANTE. Donne-moi un peu ce mémoire, que je le voie encore.

---

1. *Vilanie* (f.) : avarice.
2. *Inclinations fort patibulaires* : envies d'être pendu.
3. *Tirer son épingle du jeu* : se retirer à temps d'une situation délicate.
4. *Galanteries* (f.) : fourberies, ruses malhonnêtes.
5. *L'échelle* (f.) : l'échelle qui conduit le condamné au gibet.

SCÈNE 2

MAÎTRE [1] SIMON, HARPAGON, CLÉANTE, LA FLÈCHE
dans le fond du théâtre.*

770 MAÎTRE SIMON. Oui, Monsieur, c'est un jeune homme qui a besoin d'argent. Ses affaires le pressent d'en trouver, et il en passera par tout ce que vous en prescrirez.

HARPAGON. Mais croyez-vous, maître Simon, qu'il n'y ait rien à péricliter [2] ? et savez-vous le nom, les biens et la famille
775 de celui pour qui vous parlez ?

MAÎTRE SIMON. Non, je ne puis pas bien vous en instruire à fond, et ce n'est que par aventure que l'on m'a adressé à lui ; mais vous serez de toutes choses éclairci par lui-même ; et son homme [3] m'a assuré que vous serez content, quand
780 vous le connaîtrez. Tout ce que je saurais vous dire, c'est que sa famille est fort riche, qu'il n'a plus de mère déjà, et qu'il s'obligera, si vous voulez, que son père mourra [4] avant qu'il soit huit mois.

HARPAGON. C'est quelque chose que cela. La charité, maître
785 Simon, nous oblige à faire plaisir aux personnes, lorsque nous le pouvons.

---

1. *Maître* : titre donné familièrement aux hommes qui, n'étant pas nobles, ne pouvaient pas être appelés « Monsieur ». Ce titre est encore aujourd'hui donné aux avocats et aux notaires (avec un M majuscule), et aux domestiques présidant au service de la table dans une grande maison (« maître d'hôtel »).

2. *Rien à péricliter* : rien à craindre.

3. *Son homme* : son mandataire.

4. *Il s'obligera* [...] *son père mourra* : expression qui prête à équivoque, car elle peut signifier qu'il s'engagera à ce que son père meure, ou bien que le remboursement du prêt sera conditionné par la mort de son père.

MAÎTRE SIMON. Cela s'entend.

LA FLÈCHE, *bas à Cléante, reconnaissant maître Simon.** Que veut dire ceci ? Notre maître Simon qui parle à votre père.

CLÉANTE, *bas à La Flèche.** Lui aurait-on appris qui je suis ? et 790 serais-tu pour nous trahir ?

MAÎTRE SIMON, *à La Flèche.** Ah ! ah ! vous êtes bien pressés ! Qui vous a dit que c'était céans [1] ? *(À Harpagon.)** Ce n'est pas moi, Monsieur, au moins, qui leur ai découvert votre nom et votre logis ; mais, à mon avis, il n'y a pas grand mal à 795 cela. Ce sont des personnes discrètes, et vous pouvez ici vous expliquer ensemble.

HARPAGON. Comment ?

MAÎTRE SIMON, *montrant Cléante.** Monsieur est la personne qui veut vous emprunter les quinze mille livres dont je vous 800 ai parlé.

HARPAGON. Comment, pendard ? c'est toi qui t'abandonnes à ces coupables extrémités ?

CLÉANTE. Comment, mon père ? c'est vous qui vous portez à ces honteuses actions ?   805
(Maître Simon s'enfuit et La Flèche va se cacher.)*

HARPAGON. C'est toi qui te veux ruiner par des emprunts si condamnables ?

CLÉANTE. C'est vous qui cherchez à vous enrichir par des usures si criminelles ?

HARPAGON. Oses-tu bien, après cela, paraître devant moi !   810

---

1.   *Céans* : ici.

CLÉANTE. Osez-vous bien, après cela, vous présenter aux yeux
du monde ?

HARPAGON. N'as-tu point de honte, dis-moi, d'en venir à ces
débauches-là ? de te précipiter dans des dépenses
815 effroyables ? et de faire une honteuse dissipation du bien
que tes parents t'ont amassé avec tant de sueurs ?

CLÉANTE. Ne rougissez-vous point de déshonorer votre
condition [1] par les commerces que vous faites ? de
sacrifier gloire [2] et réputation au désir insatiable
820 d'entasser écu sur écu, et de renchérir, en fait d'intérêts,
sur les plus infâmes subtilités qu'aient jamais inventées
les plus célèbres usuriers ?

HARPAGON. Ôte-toi de mes yeux, coquin ! ôte-toi de mes yeux !

CLÉANTE. Qui est plus criminel, à votre avis, ou celui qui achète
825 un argent dont il a besoin, ou bien celui qui vole un
argent dont il n'a que faire ?

HARPAGON. Retire-toi, te dis-je, et ne m'échauffe pas les oreilles [3].
(Seul.) Je ne suis pas fâché de cette aventure ; et ce m'est
un avis de tenir l'œil, plus que jamais, sur toutes ses
830 actions.

---

1. *Condition* (f.) : condition sociale, rang.
2. *Gloire* (f.) : honneur.
3. *Ne m'échauffe pas les oreilles* : ne m'irrite pas.

SCÈNE 3
FROSINE, HARPAGON

FROSINE. Monsieur…

HARPAGON. Attendez un moment. Je vais revenir vous parler. *(À part.)* Il est à propos que je fasse un petit tour à mon argent[1].

SCÈNE 4
LA FLÈCHE, FROSINE

LA FLÈCHE, *sans voir Frosine.** L'aventure est tout à fait drôle. Il 835 faut bien qu'il ait quelque part un ample magasin de hardes ; car nous n'avons rien reconnu au mémoire que nous avons.

FROSINE. Hé ! c'est toi, mon pauvre[2] La Flèche ! D'où vient cette rencontre ?

840

LA FLÈCHE. Ah ! ah ! c'est toi, Frosine. Que viens-tu faire ici ?

FROSINE. Ce que je fais partout ailleurs : m'entremettre d'affaires[3], me rendre serviable aux gens, et profiter du mieux qu'il m'est possible des petits talents que je puis

---

1. *À mon argent* : du côté de mon argent.
2. *Mon pauvre* : expression de sympathie qui appelle la compassion de l'interlocuteur.
3. *M'entremettre d'affaires* : agir comme intermédiaire entre deux ou plusieurs personnes qui veulent conclure une affaire ensemble.

845   avoir. Tu sais que dans ce monde il faut vivre d'adresse, et
        qu'aux personnes comme moi le Ciel n'a donné d'autres
        rentes que l'intrigue et que l'industrie [1].

LA FLÈCHE. As-tu quelque négoce [2] avec le patron du logis ?

FROSINE. Oui, je traite pour lui quelque petite affaire, dont
850   j'espère une récompense.

LA FLÈCHE. De lui ? Ah ! ma foi ! tu seras bien fine si tu en tires
        quelque chose ; et je te donne avis que l'argent céans est
        fort cher.

FROSINE. Il y a de certains services qui touchent
855   merveilleusement [3].

LA FLÈCHE. Je suis votre valet [4], et tu ne connais pas encore le
        seigneur Harpagon. Le seigneur Harpagon est de tous les
        humains l'humain le moins humain, le mortel de tous les
        mortels le plus dur et le plus serré [5]. Il n'est point de
860   service qui pousse sa reconnaissance jusqu'à lui faire
        ouvrir les mains. De la louange, de l'estime, de la
        bienveillance en paroles et de l'amitié tant qu'il vous
        plaira ; mais de l'argent, point d'affaires [6]. Il n'est rien de
        plus sec et de plus aride que ses bonnes grâces et ses
865   caresses [7] ; et *donner* est un mot pour qui il a tant

1. *Industrie* (f.) : habileté, ingéniosité.
2. *Négoce* (m.) : affaire.
3. *Qui touchent merveilleusement* : qui rapportent beaucoup d'argent.
4. *Je suis votre valet* : cette formule de politesse signifie ici « je vous
    demande pardon mais... »
5. *Serré* : parcimonieux.
6. *Point d'affaires* : point question.
7. *Caresses* (f.) : témoignages d'amitié.

d'aversion qu'il ne dit jamais : *Je vous donne*, mais : *Je vous prête le bonjour.*

FROSINE. Mon Dieu ! je sais l'art de traire les hommes [1], j'ai le secret de m'ouvrir leur tendresse, de chatouiller leurs cœurs, de trouver les endroits par où ils sont sensibles. 870

LA FLÈCHE. Bagatelles ici. Je te défie d'attendrir, du coté de l'argent, l'homme dont il est question. Il est turc [2] là-dessus, mais d'une turquerie à désespérer tout le monde ; et l'on pourrait crever qu'il n'en branlerait [3] pas. En un mot, il aime l'argent, plus que réputation, qu'honneur et 875 que vertu ; et la vue d'un demandeur lui donne des convulsions. C'est le frapper par son endroit mortel, c'est lui percer le cœur, c'est lui arracher les entrailles ; et si... Mais il revient, je me retire.

1. *Traire les hommes* : leur soutirer de l'argent.
2. *Turc* : dur, cruel.
3. *Il n'en branlerait pas* : il n'en bougerait pas.

SCÈNE 5

HARPAGON, FROSINE

HARPAGON, *à part*.* Tout va comme il faut. *(Haut.)** Hé bien ! qu'est-ce, Frosine ?

FROSINE. Ah ! mon Dieu ! que vous vous portez bien ! et que vous avez là un vrai visage de santé !

HARPAGON. Qui, moi ?

885 FROSINE. Jamais je ne vous vis un teint si [1] frais et si gaillard.

HARPAGON. Tout de bon ?

FROSINE. Comment ! vous n'avez de votre vie été si jeune que vous êtes ; et je vois des gens de vingt-cinq ans qui sont plus vieux que vous.

890 HARPAGON. Cependant, Frosine, j'en ai soixante bien comptés.

FROSINE. Hé bien ! qu'est-ce que cela, soixante ans ? Voilà bien de quoi [2] ! C'est la fleur de l'âge cela, et vous entrez maintenant dans la belle saison de l'homme.

HARPAGON. Il est vrai ; mais vingt années de moins pourtant ne 895 me feraient point de mal, que je crois [3].

FROSINE. Vous moquez-vous ? Vous n'avez pas besoin de cela, et vous êtes d'une pâte à vivre jusques à [4] cent ans.

HARPAGON. Tu le crois !

FROSINE. Assurément. Vous en avez toutes les marques. Tenez-

---

1. *Si* : aussi.
2. *Voilà bien de quoi* : voilà bien de quoi s'inquiéter.
3. *Que je crois* : à ce que je crois.
4. *Jusques à* : forme archaïque de jusqu'à.

vous [1] un peu. Oh ! que voilà bien là, entre vos deux yeux, 900
un signe de longue vie !

HARPAGON. Tu te connais à cela ?

FROSINE. Sans doute. Montrez-moi votre main. Ah ! mon Dieu !
quelle ligne de vie !

HARPAGON. Comment ?   905

FROSINE. Ne voyez-vous pas jusqu'où va cette ligne-là ?

HARPAGON. Hé bien ! qu'est-ce que cela veut dire ?

FROSINE. Par ma foi ! je disais cent ans ; mais vous passerez les
six-vingts [2].

HARPAGON. Est-il possible ?   910

FROSINE. Il faudra vous assommer, vous dis-je ; et vous mettrez
en terre et vos enfants, et les enfants de vos enfants.

HARPAGON. Tant mieux. Comment va notre affaire ?

FROSINE. Faut-il le demander ? et me voit-on mêler de rien [3] dont
je ne vienne à bout ? j'ai surtout pour les mariages un 915
talent merveilleux ; il n'est point de partis au monde que
je ne trouve en peu de temps le moyen d'accoupler, et je
crois, si je me l'étais mis en tête, que je marierais le Grand
Turc avec la République de Venise [4]. Il n'y avait pas sans

1. *Tenez-vous* : tenez-vous droit, tenez-vous tranquille (pour que je vous
   regarde bien).

2. *Six-vingts* : cent-vingt (six fois vingt).

3. *Me voit-on mêler de rien* : me voit-on me mêler de quoi que ce soit. Au
   XVIIe siècle, quand l'infinitif d'un verbe réfléchi était précédé de
   « faire, voir, écouter etc. », le pronom complément était souvent
   omis.

4. *Je marierais le Grand Turc avec la République de Venise* : Venise et les
   Turcs étaient ennemis jurés.

920   doute de si grandes difficultés à cette affaire-ci. Comme
           j'ai commerce chez elles [1], je les ai à fond l'une et l'autre
           entretenues de vous, et j'ai dit à la mère le dessein que
           vous aviez conçu pour Mariane à la voir passer dans la
           rue, et prendre l'air à sa fenêtre.

925   HARPAGON. Qui a fait réponse…

      FROSINE. Elle a reçu la proposition avec joie ; et quand je lui ai
           témoigné que vous souhaitiez fort que sa fille assistât ce
           soir au contrat de mariage qui se doit faire de la vôtre, elle
           y a consenti sans peine, et me l'a confiée pour cela.

930   HARPAGON. C'est que je suis obligé, Frosine, de donner à souper
           au seigneur Anselme, et je serais bien aise qu'elle soit du
           régale [2].

      FROSINE. Vous avez raison. Elle doit après dîner [3] rendre visite à
           votre fille, d'où elle fait son compte d'aller [4] faire un tour
935   à la foire [5], pour venir ensuite au souper [6].

      HARPAGON. Hé bien ! elles iront ensemble dans mon carrosse,
           que je leur prêterai.

      FROSINE. Voilà justement son affaire [7].

---

   1. *J'ai commerce chez elles* : je suis en relation avec elles.
   2. *Régale* (m.) : festin.
   3. *Dîner* (m.) : repas de midi.
   4. *Elle fait son compte d'aller* : elle compte aller.
   5. *Foire* (f.) : la foire Saint-Germain et la foire Saint-Laurent étaient les
      deux plus célèbres foires qui se tenaient à Paris. Elles offraient des
      divertissements et des attractions de toutes sortes : farceurs,
      danseurs de corde, saltimbanques, dresseurs etc. *L'Avare* ayant été
      joué la première fois le 9 septembre, Molière fait sans doute allusion
      ici à la foire Saint-Laurent, qui commençait à la fin du mois de juin et
      se terminait le 30 septembre.
   6. *Souper* (m.) : repas du soir.
   7. *Son affaire* : ce qui fera son affaire.

HARPAGON. Mais, Frosine, as-tu entretenu la mère touchant le
bien qu'elle peut donner à sa fille ? Lui as-tu dit qu'il 940
fallait qu'elle s'aidât un peu [1], qu'elle fît quelque effort,
qu'elle se saignât pour une occasion comme celle-ci ? Car
encore n'épouse-t-on point une fille, sans qu'elle apporte
quelque chose.

FROSINE. Comment ? c'est une fille qui vous apportera douze 945
mille livres de rente.

HARPAGON. Douze mille livres de rente !

FROSINE. Oui. Premièrement, elle est nourrie et élevée dans une
grande épargne de bouche [2] ; c'est une fille accoutumée à
vivre de salade, de lait, de fromage et de pommes, et à 950
laquelle par conséquent il ne faudra ni table bien servie,
ni consommés exquis, ni orges mondés [3] perpétuels, ni les
autres délicatesses qu'il faudrait pour une autre femme ;
et cela ne va pas à si peu de chose, qu'il ne monte bien,
tous les ans, à trois mille francs pour le moins. Outre cela, 955
elle n'est curieuse [4] que d'une propreté [5] fort simple, et
n'aime point les superbes habits, ni les riches bijoux, ni
les meubles somptueux, où donnent [6] ses pareilles avec
tant de chaleur ; et cet article-là vaut plus de quatre mille
livres par an. De plus, elle a une aversion horrible pour le 960
jeu, ce qui n'est pas commun aux femmes d'aujourd'hui ;

1. *Qu'elle s'aidât un peu* : qu'elle fît un effort.
2. *Épargne de bouche* : économie de nourriture.
3. *Orges mondés* : grains d'orge que les dames prenaient pour avoir le
   teint frais et engraisser.
4. *Elle n'est curieuse* : elle ne se soucie.
5. *Propreté* (f.) : élégance.
6. *Où donnent* : que recherchent.

et j'en sais une de nos quartiers qui a perdu, à trente-et-
quarante [1], vingt mille francs cette année. Mais n'en
prenons rien que le quart. Cinq mille francs au jeu par an,
965   et quatre mille francs en habits et bijoux, cela fait neuf
mille livres ; et mille écus que nous mettons pour la
nourriture, ne voilà-t-il pas par année vos douze mille
francs bien comptés ?

HARPAGON. Oui, cela n'est pas mal : mais ce compte-là n'est rien
970   de réel.

FROSINE. Pardonnez-moi. N'est-ce pas quelque chose de réel, que
de vous apporter en mariage une grande sobriété,
l'héritage d'un grand amour de simplicité de parure, et
l'acquisition d'un grand fonds de haine pour le jeu ?

975 HARPAGON. C'est une raillerie, que de vouloir me constituer son
dot [2] de toutes les dépenses qu'elle ne fera point. Je n'irai
pas donner quittance [3] de ce que je ne reçois pas ; et il faut
bien que je touche quelque chose.

FROSINE. Mon Dieu ! vous toucherez assez, et elles m'ont parlé
980   d'un certain pays où elles ont du bien dont vous serez le
maître.

HARPAGON. Il faudra voir cela. Mais, Frosine, il y a encore une
chose qui m'inquiète. La fille est jeune, comme tu vois ; et
les jeunes gens d'ordinaire n'aiment que leurs semblables,
985   ne cherchent que leur compagnie. J'ai peur qu'un homme
de mon âge ne soit pas de son goût ; et que cela ne vienne

---

1. *Trente-et-quarante* : jeu de cartes.
2. *Dot* (f.) : souvent au masculin au XVIIe siècle.
3. *Donner quittance* : reconnaître par une attestation que le débiteur est quitte, qu'il n'a plus de dettes.

à produire chez moi certains petits désordres qui ne m'accommoderaient pas[1].

FROSINE. Ah ! que vous la connaissez mal ! C'est encore une particularité que j'avais à vous dire. Elle a une aversion épouvantable pour tous les jeunes gens, et n'a de l'amour que pour les vieillards. 990

HARPAGON. Elle ?

FROSINE. Oui, elle. Je voudrais que vous l'eussiez entendue parler là-dessus. Elle ne peut souffrir du tout la vue d'un jeune homme ; mais elle n'est point plus ravie, dit-elle, que lorsqu'elle peut voir un beau vieillard avec une barbe majestueuse. Les plus vieux sont pour elle les plus charmants, et je vous avertis de n'aller pas vous faire plus jeune que vous êtes. Elle veut tout au moins qu'on soit sexagénaire ; et il n'y a pas quatre mois encore qu'étant prête[2] d'être mariée, elle rompit tout net le mariage, sur ce que son amant[3] fit voir qu'il n'avait que cinquante-six ans, et qu'il ne prit point de lunettes pour signer le contrat. 995 1000 1005

HARPAGON. Sur cela seulement ?

FROSINE. Oui. Elle dit que ce n'est pas contentement pour elle que cinquante-six ans ; et surtout, elle est pour les nez qui portent des lunettes[4].

HARPAGON. Certes, tu me dis là une chose toute nouvelle. 1010

---

1. *Qui ne m'accommoderaient pas* : qui ne me conviendraient pas.
2. *Prête de* : sur le point de.
3. *Amant* : amoureux.
4. *Lunettes* (f.) : au XVIIe siècle, les lunettes étaient signe d'une extrême vieillesse.

FROSINE. Cela va plus loin qu'on ne vous peut dire. On lui voit dans sa chambre quelques tableaux et quelques estampes ; mais que pensez-vous que ce soit ? Des Adonis ? des Céphales ? des Pâris ? et des Apollons [1] ?

1015 Non : de beaux portraits de Saturne, du roi Priam, du vieux Nestor, et du bon père Anchise [2] sur les épaules de son fils.

HARPAGON. Cela est admirable ! Voilà ce que je n'aurais jamais pensé ; et je suis bien aise d'apprendre qu'elle est de cette

1020 humeur. En effet, si j'avais été femme, je n'aurais point aimé les jeunes hommes.

FROSINE. Je le crois bien. Voilà de belles drogues [3] que des jeunes gens, pour les aimer ! Ce sont de beaux morveux, de beaux godelureaux [4], pour donner envie de leur peau ; et

1025 je voudrais bien savoir quel ragoût [5] il y a à eux.

HARPAGON. Pour moi, je n'y en comprends point [6] ; et je ne sais pas comment il y a des femmes qui les aiment tant.

FROSINE. Il faut être folle fieffée [7]. Trouver la jeunesse aimable !

---

1. *Adonis, Céphale, Pâris, Apollon* : personnages mythologiques célèbres pour leur beauté. Adonis fut aimé par Vénus et Céphale par l'Aurore, Pâris enleva Hélène, et la beauté d'Apollon, dieu des Arts, est devenue proverbiale.

2. *Saturne, Priam, Nestor, Anchise* : vieillards célèbres de la mythologie. Saturne, fils du Ciel et de la Terre, est toujours représenté sous les traits d'un homme très âgé ; Priam était le vieux roi de Troie ; Nestor, roi de Pylos, était admiré pour sa sagesse et son grand âge ; le prince troyen Anchise fut sauvé, lors de l'incendie de Troie, par son fils Énée qui l'emporta sur ses épaules.

3. *Drogues* (f.) : choses de peu de valeur.

4. *Godelureaux* (m.) : jeunes gens élégants, fats et prétentieux.

5. *Ragoût* (m.) : goût.

6. *Je n'y en comprends point* : je ne comprends rien à cela.

7. *Fieffée* : patentée.

est-ce avoir le sens commun ? Sont-ce des hommes que de
jeunes blondins [1] ? et peut-on s'attacher à ces animaux-   1030
là ?

HARPAGON. C'est ce que je dis tous les jours, avec leur ton de
poule laitée [2], et leurs trois petits brins de barbe relevés en
barbe de chat [3], leurs perruques d'étoupe [4], leurs hauts-
de-chausses tout tombants, et leurs estomacs débraillés [5].   1035

FROSINE. Eh ! cela est bien bâti, auprès d'une personne comme
vous ! Voilà un homme cela. Il y a là de quoi satisfaire à la
vue ; et c'est ainsi qu'il faut être fait, et vêtu, pour donner
de l'amour.

HARPAGON. Tu me trouves bien ?   1040

FROSINE. Comment ? vous êtes à ravir, et votre figure [6] est à
peindre. Tournez-vous un peu, s'il vous plaît. Il ne se peut
pas mieux. Que je vous voie marcher. Voilà un corps
taillé, libre, et dégagé comme il faut, et qui ne marque
aucune incommodité.   1045

HARPAGON. Je n'en ai pas de grandes, Dieu merci. Il n'y a que ma
fluxion [7], qui me prend de temps en temps.

1. *Blondins* (m.) : jeunes hommes efféminés, qui portent des perruques
blondes.

2. *Ton de poule laitée* : voix de fausset. *Poule laitée*, ou *poule mouillée* :
homme efféminé, faible et lâche.

3. *Barbe de chat* : moustache retroussée. Au XVIIe siècle le mot *barbe*
désignait aussi les moustaches.

4. *Perruques d'étoupes* : perruques en filasse de couleur jaunâtre.

5. *Estomacs débraillés* : les jeunes gens à la mode portaient la chemise
bouffante sur la poitrine (*estomac*), ce qui donnait une impression
négligée (*débraillée*), en réalité bien étudiée.

6. *Figure* (f.) : aspect.

7. *Fluxion* (f.) : toux, mal de poitrine dont Molière, qui jouait le rôle
d'Harpagon, souffrait lui-même.

FROSINE. Cela n'est rien. Votre fluxion ne vous sied [1] point mal, et vous avez grâce à tousser.

1050 HARPAGON. Dis-moi un peu : Mariane ne m'a-t-elle point encore vu ? N'a-t-elle point pris garde à moi en passant ?

FROSINE. Non ; mais nous nous sommes fort entretenues de vous. Je lui ai fait un portrait de votre personne ; et je n'ai pas manqué de lui vanter votre mérite, et l'avantage que
1055 ce lui serait d'avoir un mari comme vous.

HARPAGON. Tu as bien fait, et je t'en remercie.

FROSINE. J'aurais, Monsieur, une petite prière à vous faire. *(Il prend un air sévère.)* J'ai un procès que je suis sur le point de perdre, faute d'un peu d'argent ; et vous pourriez
1060 facilement me procurer le gain de ce procès, si vous aviez quelque bonté pour moi. Vous ne sauriez croire le plaisir qu'elle aura de vous voir. *(Il reprend un air gai.)* * Ah ! que vous lui plairez ! et que votre fraise à l'antique [2] fera sur son esprit un effet admirable ! Mais surtout elle sera
1065 charmée de votre haut-de-chausses, attaché au pourpoint [3] avec des aiguillettes; c'est pour la rendre folle de vous ; et un amant aiguilletté sera pour elle un ragoût merveilleux [4].

HARPAGON. Certes, tu me ravis de me dire cela.

1070 FROSINE. En vérité, Monsieur, ce procès m'est d'une

---

1. *Sied* : convient.
2. *Fraise à l'antique* : collerette plissée à la mode sous Henri IV.
3. *Pourpoint* (m.) : vêtement d'homme qui couvrait le corps du cou à la ceinture.
4. *Sera [...] un ragoût merveilleux* : aura pour elle un charme extraordinaire.

conséquence [1] tout à fait grande. *(Il reprend son visage sévère.)* Je suis ruinée, si je le perds ; et quelque petite assistance me rétablirait mes affaires. Je voudrais que vous eussiez vu le ravissement où elle était à m'entendre parler de vous. *(Il reprend un air gai.)* La joie éclatait dans ses yeux, au récit de vos qualités ; et je l'ai mise enfin dans une impatience extrême de voir ce mariage entièrement conclu. 1075

HARPAGON. Tu m'as fait un grand plaisir, Frosine, et je t'en ai, je te l'avoue, toutes les obligations [2] du monde. 1080

FROSINE. Je vous prie, Monsieur, de me donner le petit secours que je vous demande. *(Il reprend son air sérieux.)* Cela me remettra sur pied, et je vous en serai éternellement obligée.

HARPAGON. Adieu. Je vais achever mes dépêches [3]. 1085

FROSINE. Je vous assure, Monsieur, que vous ne sauriez jamais me soulager dans un plus grand besoin.

HARPAGON. Je mettrai ordre que mon carrosse soit tout prêt pour vous mener à la foire.

FROSINE. Je ne vous importunerais pas, si je ne m'y voyais forcée 1090 par la nécessité [4].

HARPAGON. Et j'aurai soin qu'on soupe de bonne heure, pour ne vous point faire [5] malades.

1. *M'est d'une conséquence* : est pour moi d'une importance.
2. *Obligations* (f.) : liens de gratitude, de reconnaissance.
3. *Dépêches* (f.) : lettres urgentes.
4. *Nécessité* (f.) : besoin, pauvreté.
5. *Ne vous point faire* : ne pas vous rendre.

FROSINE. Ne me refusez pas la grâce dont je vous sollicite. Vous
1095   ne sauriez croire, Monsieur, le plaisir que…

HARPAGON. Je m'en vais. Voilà qu'on m'appelle. Jusqu'à tantôt.

FROSINE, *seule*.* Que la fièvre te serre [1], chien de vilain à tous les
diables ! Le ladre a été ferme à toutes mes attaques ; mais
il ne me faut pas pourtant quitter la négociation ; et j'ai
1100   l'autre côté [2], en tout cas, d'où je suis assurée de tirer
bonne récompense.

---

1. *Te serre* : t'étrangle.
2. *L'autre côté* : celui de Mariane et de sa mère.

ACTE II

Scène 1

L'action

1. Quel est l'intérêt dramatique de cette scène ?

Les personnages

1. Quels aspects du caractère de Cléante cette scène nous confirme-t-elle ? En quoi le père et le fils ne sont-ils pas, au fond, très différents ? Qu'ont-ils en commun ? Qu'est-ce qui les distingue l'un de l'autre ?

2. Analysez le rapport maître-valet. Dans quelle position La Flèche se trouve-t-il par rapport à son maître ? Pourquoi ? Comment gère-t-il la situation ?

3. Relevez les principaux traits de caractère du prêteur anonyme.

Le comique

1. Dans son ensemble, cette scène est-elle vraiment comique ?

2. En vous aidant des notes, expliquez pourquoi le catalogue des « hardes et nippes » est comique.

La langue et l'expression

1. Expliquez les expressions : « manger son blé en herbe » (l. 755) et « tirer son épingle du jeu » (l. 763). Quelle figure de rhétorique les mots « galanteries » et « échelle » recouvrent-ils (l. 764-765) ?

A N A L Y S E

Les thèmes

1. Quel témoignage cette scène apporte-t-elle sur la société du XVIIe siècle ?

Scènes 2, 3, 4

L'action

1. Pourquoi la scène 2 est-elle importante au point de vue de l'action ?

2. Quelle est la fonction de la scène 3 ?

Les personnages

1. Quel genre de portrait La Flèche brosse-t-il du vieil avare dans la scène 4 ? Quelle est la fonction de cette peinture outrée et ridicule ?

2. Comment Molière présente-t-il le personnage de Frosine ?

Le comique

1. Essayez de dégager l'aspect comique et le côté dramatique de la scène 2.

2. Quel est le ressort comique sur lequel repose l'échange entre le père et le fils dans la scène 2 (l. 802-822) ?

La langue et l'expression

1. Relevez des exemples du lexique de la morale dans le dialogue entre Cléante et son père (scène 2, l. 802-830).

2. À quels procédés stylistiques La Flèche a-t-il recours pour dépeindre Harpagon dans la scène 4 ? Commentez en particulier la phrase : « Le seigneur Harpagon est de tous les humains l'humain le moins humain » (scène 4, l. 857-858). À la fin de sa dernière réplique, à quoi le valet compare-t-il la passion de l'avare pour l'argent ?

3. Par quelles expressions l'activité de Frosine est-elle désignée (scène 4) ? Que traduisent-elles ?

Scène 5

L'action

1. Étudiez la composition de cette scène et commentez-en les différentes parties.

2. En quoi cette scène fait-elle avancer l'action ?

Les personnages

1. Quels nouveaux traits du caractère d'Harpagon nous sont-ils révélés ici ?

2. Le portrait de Mariane brossé par Frosine (l. 948-961) confirme-t-il l'image que le spectateur s'est fait jusqu'ici de la jeune fille ?

3. Analysez l'alternance de succès et d'insuccès de Frosine. Quelles sont les différentes réactions de l'entremetteuse face à l'échec ? Quels sentiments ce personnage suscite-t-il chez le spectateur ?

4. Comparez l'art de la flatterie mis en œuvre par Valère (acte I, scène 5) et celui déployé ici par Frosine.

A N A L Y S E

Le comique

1. Quels procédés comiques Molière utilise-t-il dans chacune des parties de cette scène ?

2. Pourquoi la phrase d'Harpagon : « Car encore n'épouse-t-on point une fille sans qu'elle apporte quelque chose » (l. 942-944) fait-elle sourire ? Que rappelle-t-elle au spectateur ?

La langue et l'expression

1. Relevez les procédés et les expressions qui rendent particulièrement coloré le langage de Frosine.

2. Soulignez les mots qui marquent l'enchaînement des différents arguments de Frosine en faveur de Mariane (l. 948-968).

Les thèmes

1. Analysez l'opposition jeunesse-vieillesse telle qu'elle est présentée ici par Frosine et Harpagon.

Sur l'ensemble de l'acte II

1. Quelle est, au point de vue de l'action, la scène la plus importante de l'acte II ?

2. Quelle est la situation à la fin de cet acte ? Par quel procédé en particulier Molière ménage-t-il le suspense ?

3. Étudiez l'alternance des scènes où la tension du spectateur est soutenue et celles où, au contraire, elle se relâche.

4. Dressez la liste des procédés comiques utilisés dans cet acte, en donnant un exemple pour chacun.

5. Énumérez les mots rencontrés au cours de l'acte II, qui ne sont plus en usage aujourd'hui.

6. Quels renseignements cet acte nous fournit-il sur la société du XVIIe siècle ?

ACTE III

SCÈNE 1

HARPAGON, CLÉANTE, ÉLISE, VALÈRE, DAME CLAUDE,
MAÎTRE JACQUES, BRINDAVOINE, LA MERLUCHE

HARPAGON. Allons, venez çà tous, que je vous distribue mes
ordres pour tantôt et règle à chacun son emploi.
Approchez, dame [1] Claude. Commençons par vous. *(Elle*
1105 *tient un balai.)* Bon, vous voilà les armes à la main. Je vous
commets au soin de [2] nettoyer partout ; et surtout prenez
garde de ne point frotter les meubles trop fort, de peur de
les user. Outre cela, je vous constitue, pendant le souper,
au gouvernement des bouteilles [3] ; et s'il s'en écarte
1110 quelqu'une et qu'il se casse quelque chose, je m'en
prendrai à vous, et le rabattrai sur [4] vos gages.

MAÎTRE JACQUES, *à part.** Châtiment politique [5].

---

1. *Dame* (f.) : appellation familière.
2. *Je vous commets au soin de* : je vous charge de.
3. *Je vous constitue* […] *au gouvernement des bouteilles* : je vous confie la responsabilité des boissons.
4. *Rabattrai sur* : retrancherai de.
5. *Politique* : habile et avantageux.

HARPAGON, *à dame Claude.** Allez. Vous, Brindavoine, et vous, La
  Merluche, je vous établis dans la charge de rincer les
  verres, et de donner à boire, mais seulement lorsque l'on 1115
  aura soif, et non pas selon la coutume de certains
  impertinents de laquais, qui viennent provoquer les gens,
  et les faire aviser de [1] boire lorsqu'on n'y songe pas.
  Attendez qu'on vous en demande plus d'une fois, et vous
  ressouvenez de porter [2] toujours beaucoup d'eau. 1120

MAÎTRE JACQUES, *à part.* Oui, le vin pur monte à la tête.

LA MERLUCHE. Quitterons-nous nos siquenilles [3], Monsieur ?

HARPAGON. Oui, quand vous verrez venir les personnes ; et
  gardez [4] bien de gâter vos habits.

BRINDAVOINE. Vous savez bien, Monsieur, qu'un des devants de 1125
  mon pourpoint est couvert d'une grande tache de l'huile
  de la lampe.

LA MERLUCHE. Et moi, Monsieur, que j'ai mon haut-de-chausses
  tout troué par derrière, et qu'on me voit, révérence
  parler [5]… 1130

HARPAGON, *à La Merluche.** Paix. Rangez cela adroitement du
  côté de la muraille [6], et présentez toujours le devant au
  monde. *(Harpagon met son chapeau au-devant de son
  pourpoint, pour montrer à Brindavoine comment il doit faire
  pour cacher la tache d'huile.)* Et vous, tenez toujours votre

---

1. *Les faire aviser de* : les pousser à.
2. *Porter* : apporter.
3. *Siquenilles* (f.) : vêtements de toile qui protégeaient la livrée des valets.
4. *Gardez* : gardez-vous.
5. *Révérence parler* : sauf votre respect, si j'ose dire.
6. *Muraille* (f.) : mur.

1135 chapeau ainsi, lorsque vous servirez. Pour vous, ma fille, vous aurez l'œil sur ce que l'on desservira, et prendrez garde qu'il ne s'en fasse aucun dégât. Cela sied bien aux filles. Mais cependant préparez-vous à bien recevoir ma maîtresse [1], qui vous doit venir visiter et vous mener avec

1140 elle à la foire. Entendez-vous ce que je vous dis ?

ÉLISE. Oui, mon père.

HARPAGON. Et vous, mon fils le damoiseau, à qui j'ai la bonté de pardonner l'histoire de tantôt, ne vous allez pas aviser non plus de lui faire mauvais visage.

1145 CLÉANTE. Moi, mon père, mauvais visage ? Et par [2] quelle raison ?

HARPAGON. Mon Dieu ! nous savons le train [3] des enfants dont les pères se remarient, et de quel œil ils ont coutume de regarder ce qu'on appelle belle-mère. Mais si vous

1150 souhaitez que je perde le souvenir de votre dernière fredaine [4], je vous recommande surtout de régaler d'un bon visage [5] cette personne-là, et de lui faire enfin tout le meilleur accueil qu'il vous sera possible.

CLÉANTE. À vous dire le vrai, mon père, je ne puis pas vous

1155 promettre d'être bien aise qu'elle devienne ma belle-mère ; je mentirais, si je vous le disais ; mais pour ce qui est de la bien recevoir, et de lui faire bon visage, je vous promets de vous obéir ponctuellement sur ce chapitre.

---

1. *Maîtresse* (f.) : femme aimée.
2. *Par* : pour.
3. *Train* (m.) : comportement.
4. *Fredaine* (f.) : écart de conduite.
5. *Régaler d'un bon visage* : accueillir avec gentillesse.

HARPAGON. Prenez-y garde au moins.

CLÉANTE. Vous verrez que vous n'aurez pas sujet de vous en 1160
plaindre.

HARPAGON. Vous ferez sagement. Valère, aide-moi à ceci. Ho çà,
maître Jacques, approchez-vous, je vous ai gardé pour le
dernier.

MAÎTRE JACQUES. Est-ce à votre cocher, Monsieur, ou bien à votre 1165
cuisinier, que vous voulez parler ? car je suis l'un et
l'autre.

HARPAGON. C'est à tous les deux.

MAÎTRE JACQUES. Mais à qui des deux le premier ?

HARPAGON. Au cuisinier.   1170

MAÎTRE JACQUES. Attendez donc, s'il vous plaît.
(Il ôte sa casaque de cocher, et paraît vêtu en cuisinier.)

HARPAGON. Quelle diantre de cérémonie est-ce là ?

MAÎTRE JACQUES. Vous n'avez qu'à parler.

HARPAGON. Je me suis engagé, maître Jacques, à donner ce soir à
souper.   1175

MAÎTRE JACQUES, *à part.** Grande merveille !

HARPAGON. Dis-moi un peu, nous feras-tu bonne chère[1] ?

MAÎTRE JACQUES. Oui, si vous me donnez bien de l'argent.

HARPAGON. Que diable, toujours de l'argent ! Il semble qu'ils
n'aient autre chose à dire : « De l'argent, de l'argent, de 1180
l'argent. » Ah ! ils n'ont que ce mot à la bouche : « De

---

1. *Bonne chère* : un bon repas.

l'argent. » Toujours parler d'argent. Voilà leur épée de chevet[1], de l'argent.

VALÈRE. Je n'ai jamais vu de réponse plus impertinente que celle-
1185   là. Voilà une belle merveille que de faire bonne chère avec bien de l'argent : c'est une chose la plus aisée au monde, et il n'y a si pauvre esprit qui n'en fît bien autant ; mais pour agir en habile homme, il faut parler de faire bonne chère avec peu d'argent.

1190 MAÎTRE JACQUES. Bonne chère avec peu d'argent !

VALÈRE. Oui.

MAÎTRE JACQUES, *à Valère*.* Par ma foi, Monsieur l'intendant, vous nous obligerez de nous faire voir ce secret, et de prendre mon office de cuisinier : aussi bien vous mêlez-vous céans
1195   d'être le factoton[2].

HARPAGON. Taisez-vous. Qu'est-ce qu'il nous faudra ?

MAÎTRE JACQUES. Voilà Monsieur votre intendant, qui vous fera bonne chère pour peu d'argent.

HARPAGON. Haye[3] ! je veux que tu me répondes.

1200 MAÎTRE JACQUES. Combien serez-vous de gens à table ?

HARPAGON. Nous serons huit ou dix ; mais il ne faut prendre que pour huit. Quand il y a à manger pour huit, il y en a bien pour dix.

---

1. *Épée de chevet* : argument préféré. Les gentilshommes gardaient toujours leur épée à côté du lit pendant la nuit.
2. *Factoton* (m.) : factotum, personne qui s'occupe un peu de tout dans une maison (du latin : *fac totum*). L'orthographe se justifie par la prononciation [ɔ̃] de la désinence latine um.
3. *Haye* : aujourd'hui *haïe* (même prononciation que la prononciation moderne).

VALÈRE. Cela s'entend.

MAÎTRE JACQUES. Hé bien ! il faudra quatre grands potages [1], et 1205
cinq assiettes [2]. Potages… Entrées [3]…

HARPAGON. Que diable ! voilà pour traiter [4] toute une ville
entière.

MAÎTRE JACQUES. Rôt …

HARPAGON, *en lui mettant la main sur la bouche.* Ah ! traître, tu 1210
manges tout mon bien.

MAÎTRE JACQUES. Entremets [5]…

HARPAGON. Encore ?

VALÈRE, *à maître Jacques.* Est-ce que vous avez envie de faire
crever tout le monde ? et Monsieur a-t-il invité des gens 1215
pour les assassiner à force de mangeaille ? Allez-vous-en
lire un peu les préceptes de la santé, et demander aux
médecins s'il y a rien de plus préjudiciable à [6] l'homme
que de manger avec excès.

HARPAGON. Il a raison.   1220

VALÈRE. Apprenez, maître Jacques, vous et vos pareils, que c'est

---

1. *Potages* (m.) : plats de viandes ou de volailles cuites au pot.
2. *Assiettes* (f.) : assiettes contenant des *entrées* (voir note suivante) ou
des ragoûts, c'est-à-dire des mets destinés à réveiller l'appétit.
3. *Entrées* (f.) : mets servis avec les potages pour ouvrir l'appétit.
4. *Traiter* : nourrir.
5. *Entremets* (m.) : mets légers servis entre le rôti et les fruits. L'édition
de *L'Avare* de 1682 comprend une description détaillée du repas
proposé par maître Jacques, avec quantité de plats recherchés à base
de canards, perdrix, pigeons, faisans, poulets, lapins, cailles, etc.
6. *Préjudiciable à* : mauvais pour.

un coupe-gorge ¹ qu'une table remplie de trop de
viandes ² ; que pour se bien montrer ami de ceux que l'on
invite, il faut que la frugalité règne dans les repas qu'on
1225   donne ; et que, suivant le dire d'un ancien, *il faut manger
pour vivre, et non pas vivre pour manger* ³.

HARPAGON. Ah ! que cela est bien dit ! Approche, que je
t'embrasse pour ce mot. Voilà la plus belle sentence que
j'aie entendue de ma vie. *Il faut vivre pour manger, et non
1230   pas manger pour vi…* Non, ce n'est pas cela. Comment est-
ce que tu dis ?

VALÈRE. Qu'*il faut manger pour vivre, et non pas vivre pour manger*.

HARPAGON. Oui. Entends-tu ? Qui ⁴ est le grand homme qui a dit
cela ?

1.   *Coupe-gorge* (m.) : lieu dangereux (où l'on risque de se faire couper la
gorge par les bandits).

2.   *Viandes* (f.) : nourriture.

3.   *Il faut manger* […] *pour manger* : le proverbe *Ede ut vivas, ne vivas ut
edas*, qui se trouve dans Cicéron (*Rhétorique à Herennius*, IV, 28), était
devenu populaire dans les collèges pour évoquer la mauvaise et
frugale nourriture destinée aux étudiants. Charles Sorel le cite dans
son *Histoire comique de Francion* (1623).

4.   *Qui* : quel.

VALÈRE. Je ne me souviens pas maintenant de son nom.   1235

HARPAGON. Souviens-toi de m'écrire ces mots. Je les veux faire graver en lettres d'or sur la cheminée de ma salle.

VALÈRE. Je n'y manquerai pas. Et pour votre souper, vous n'avez qu'à me laisser faire : je règlerai tout cela comme il faut.

HARPAGON. Fais donc.   1240

MAÎTRE JACQUES. Tant mieux, j'en aurai moins de peine.

HARPAGON, *à Valère*.* Il faudra de ces choses dont on ne mange guère, et qui rassasient d'abord [1] : quelque bon haricot [2] bien gras, avec quelque pâté en pot [3] bien garni de marrons.   1245

VALÈRE. Reposez-vous sur moi.

HARPAGON. Maintenant, maître Jacques, il faut nettoyer mon carrosse.

MAÎTRE JACQUES. Attendez. Ceci s'adresse au cocher. *(Il remet sa casaque.)* Vous dites…   1250

HARPAGON. Qu'il faut nettoyer mon carrosse, et tenir mes chevaux tout prêts pour conduire à la foire…

MAÎTRE JACQUES. Vos chevaux, Monsieur ? Ma foi, ils ne sont point du tout en état de marcher. Je ne vous dirai point qu'ils sont sur la litière, les pauvres bêtes n'en ont point, 1255 et ce serait fort mal parler ; mais vous leur faites observer des jeûnes si austères que ce ne sont plus rien que des

---

1. *D'abord* : aussitôt.
2. *Haricot* (m.) : morceaux de mouton cuits avec des navets, des pommes de terres ou des marrons.
3. *Pâté en pot* : pâté de bœuf cuit dans un pot qui lui tient lieu de croûte.

idées ou des fantômes, des façons [1] de chevaux.

HARPAGON. Les voilà bien malades, ils ne font rien.

1260 MAÎTRE JACQUES. Et pour ne faire rien, Monsieur, est-ce qu'il ne faut rien manger ? Il leur vaudrait bien mieux, les pauvres animaux, de travailler beaucoup, de manger de même. Cela me fend le cœur de les voir ainsi exténués ; car enfin j'ai une tendresse pour mes chevaux, qu'il me 1265 semble que c'est moi-même quand je les vois pâtir ; je m'ôte tous les jours pour eux les choses de la bouche ; et c'est être, Monsieur, d'un naturel trop dur que de n'avoir nulle pitié de son prochain.

HARPAGON. Le travail ne sera pas grand d'aller jusqu'à la foire.

1270 MAÎTRE JACQUES. Non, Monsieur, je n'ai pas le courage de les mener, et je ferais conscience [2] de leur donner des coups de fouet, en l'état où ils sont. Comment voudriez-vous qu'ils traînassent un carrosse, qu'ils [3] ne peuvent pas se traîner eux-mêmes ?

1275 VALÈRE. Monsieur, j'obligerai [4] le voisin le Picard [5] à se charger de les conduire ; aussi bien nous fera-t-il ici besoin [6] pour apprêter le souper.

MAÎTRE JACQUES. Soit. J'aime mieux encore qu'ils meurent sous la main d'un autre que sous la mienne.

---

1. *Façons* (f.) : apparences, simulacres.
2. *Je ferais conscience* : je me ferais un cas de conscience.
3. *Qu'ils* : alors qu'ils.
4. *J'obligerai* : j'engagerai.
5. *Le Picard* : on donnait souvent aux laquais des sobriquets (comme La Flèche, Brindavoine et La Merluche), ou bien le nom des habitants de la province dont ils étaient originaires.
6. *Nous fera-t-il ici besoin* : nous sera-t-il utile ici.

VALÈRE. Maître Jacques fait bien le raisonnable[1].   1280

MAÎTRE JACQUES. Monsieur l'intendant fait bien le nécessaire[2].

HARPAGON. Paix !

MAÎTRE JACQUES. Monsieur, je ne saurais souffrir les flatteurs ; et
     je vois que ce qu'il en fait, que ses contrôles perpétuels
     sur le pain et le vin, le bois, le sel, et la chandelle, ne sont   1285
     rien que pour vous gratter[3] et vous faire sa cour[4].
     J'enrage de cela, et je suis fâché tous les jours d'entendre
     ce qu'on dit de vous ; car enfin je me sens pour vous de la

Ernest Coquelin
(Comédie-Française, 1868).

1. *Raisonnable* : raisonneur.
2. *Fait bien le nécessaire* : se prétend indispensable.
3. *Gratter* : flatter.
4. *Faire sa cour* : se montrer assidu auprès de quelqu'un pour lui plaire.

tendresse, en dépit que j'en aie [1] ; et après mes chevaux,
1290   vous êtes la personne que j'aime le plus.

HARPAGON. Pourrais-je savoir de vous, maître Jacques, ce que
l'on dit de moi ?

MAÎTRE JACQUES. Oui, Monsieur, si j'étais assuré que cela ne vous
fâchât point.

1295 HARPAGON. Non, en aucune façon.

MAÎTRE JACQUES. Pardonnez-moi, je sais fort bien que je vous
mettrais en colère.

HARPAGON. Point du tout ; au contraire, c'est me faire plaisir, et
je suis bien aise d'apprendre comme [2] on parle de moi.

1300 MAÎTRE JACQUES. Monsieur, puisque vous le voulez, je vous dirai
franchement qu'on se moque partout de vous ; qu'on
nous jette de tous côtés cent brocards [3] à votre sujet ; et
que l'on n'est point plus ravi que de vous tenir au cul et
aux chausses [4], et de faire sans cesse des contes de votre
1305   lésine [5]. L'un dit que vous faites imprimer des almanachs [6]
particuliers, où vous faites doubler les quatre-temps [7] et
les vigiles [8], afin de profiter des jeûnes où vous obligez

---

1. *En dépit que j'en aie* : malgré moi.
2. *Comme* : comment.
3. *Brocards* (m.) : railleries, propos malveillants.
4. *Vous tenir au cul et aux chausses* : s'acharner sur vous.
5. *Faire sans cesse des contes de votre lésine* : raconter sans cesse des
    histoires sur votre avarice (*lésine*).
6. *Almanachs* (m.) : calendriers.
7. *Les quatre-temps* : les jours de jeûne prescrits par l'Église au début de
    chaque saison de l'année.
8. *Vigiles* (f.) : veilles des grandes fêtes où le jeûne est imposé aux
    fidèles.

votre monde [1]. L'autre, que vous avez toujours une querelle toute prête à faire à vos valets dans le temps des étrennes, ou de leur sortie d'avec vous [2], pour vous 1310 trouver une raison de ne leur donner rien. Celui-là conte qu'une fois vous fîtes assigner [3] le chat d'un de vos voisins, pour vous avoir mangé un reste d'un gigot de mouton. Celui-ci, que l'on vous surprit une nuit, en venant dérober vous-même l'avoine de vos chevaux ; et 1315 que votre cocher qui était celui d'avant moi, vous donna dans l'obscurité je ne sais combien de coups de bâton, dont vous ne voulûtes rien dire. Enfin voulez-vous que je vous dise ? On ne saurait aller nulle part où l'on ne vous entende accommoder de toutes pièces [4]. Vous êtes la fable 1320 et la risée de tout le monde ; et jamais on ne parle de vous que sous les noms d'avare, de ladre, de vilain et de fesse-mathieu.

HARPAGON, *en le battant*. Vous êtes un sot, un maraud [5], un coquin, et un impudent.   1325

MAÎTRE JACQUES. Hé bien ! ne l'avais-je pas deviné ? Vous ne m'avez pas voulu croire. Je vous l'avais bien dit que je vous fâcherais de vous dire la vérité.

HARPAGON. Apprenez à parler.

---

1. *Votre monde* : votre famille et vos domestiques.
2. *Dans le temps* [...] *d'avec vous* : au moment des présents traditionnels pour le jour de l'an, ou au moment où ils quittent votre service.
3. *Assigner* : comparaître en justice.
4. *Accommoder de toutes pièces* : maltraiter de toutes les façons.
5. *Maraud* : personne qui ne mérite que le mépris.

SCÈNE 2

MAÎTRE JACQUES, VALÈRE

VALÈRE, *riant*. À ce que je puis voir, maître Jacques, on paye mal votre franchise.

MAÎTRE JACQUES. Morbleu ! Monsieur le nouveau venu, qui faites l'homme d'importance, ce n'est pas votre affaire. Riez de vos coups de bâton quand on vous en donnera, et ne
1335 venez point rire des miens.

VALÈRE. Ah ! Monsieur maître Jacques, ne vous fâchez pas, je vous prie.

MAÎTRE JACQUES, *à part.** Il file doux. Je veux faire le brave et s'il est assez sot pour me craindre, le frotter [1] quelque peu.
1340 *(Haut.)* Savez-vous bien, Monsieur le rieur, que je ne ris pas, moi ? et que si vous m'échauffez la tête, je vous ferai rire d'une autre sorte ?
(Maître Jacques pousse Valère jusques au bout du théâtre, en le menaçant.)

VALÈRE. Eh ! doucement.

MAÎTRE JACQUES. Comment, doucement ? Il ne me plaît pas, moi.

1345 VALÈRE. De grâce.

MAÎTRE JACQUES. Vous êtes un impertinent.

VALÈRE. Monsieur maître Jacques…

MAÎTRE JACQUES. Il n'y a point de Monsieur maître Jacques pour un double [2]. Si je prends un bâton, je vous rosserai

---

1. *Frotter* : battre.
2. *Double* (m.) : monnaie de cuivre valant deux deniers (*double denier*). Maître Jacques veut dire que Valère ne l'achètera pas avec ses compliments.

d'importance. 1350

VALÈRE. Comment, un bâton ?
(Valère le fait reculer autant qu'il l'a fait.)

MAÎTRE JACQUES. Eh ! je ne parle pas de cela.

VALÈRE. Savez-vous bien, Monsieur le fat [1], que je suis homme à
vous rosser vous-même ?

MAÎTRE JACQUES. Je n'en doute pas. 1355

VALÈRE. Que vous n'êtes, pour tout potage [2], qu'un faquin [3] de
cuisinier ?

MAÎTRE JACQUES. Je le sais bien.

VALÈRE. Et que vous ne me connaissez pas encore.

MAÎTRE JACQUES. Pardonnez-moi [4]. 1360

VALÈRE. Vous me rosserez, dites-vous ?

MAÎTRE JACQUES. Je le disais en raillant.

VALÈRE. Et moi, je ne prends point de goût à votre raillerie. *(Il lui
donne des coups de bâton.)* Apprenez que vous êtes un
mauvais railleur. 1365

MAÎTRE JACQUES, *seul.** Peste soit la sincérité ! c'est un mauvais
métier. Désormais j'y renonce, et je ne veux plus dire vrai.
Passe encore pour mon maître ; il a quelque droit de me
battre ; mais pour ce Monsieur l'intendant, je m'en
vengerai si je puis.

---

1.   *Fat* (m.) : sot.
2.   *Pour tout potage* : en tout et pour tout.
3.   *Faquin* (m.) : homme méprisable (de l'italien *facchino*, portefaix).
4.   *Pardonnez-moi* : si, je vous connais.

SCÈNE 3

FROSINE, MARIANE, MAÎTRE JACQUES

FROSINE. Savez-vous, maître Jacques, si votre maître est au logis ?

MAÎTRE JACQUES. Oui vraiment il y est, je ne le sais que trop.

FROSINE. Dites-lui, je vous prie, que nous sommes ici.

SCÈNE 4

MARIANE, FROSINE

MARIANE. Ah ! que je suis, Frosine, dans un étrange état ! et s'il
1375   faut dire ce que je sens, que j'appréhende cette vue !

FROSINE. Mais pourquoi, et quelle est votre inquiétude ?

MARIANE. Hélas ! me le demandez-vous ? et ne vous figurez-
vous point les alarmes [1] d'une personne toute prête à voir
le supplice où l'on veut l'attacher ?

1380 FROSINE. Je vois bien que, pour mourir agréablement, Harpagon
n'est pas le supplice que vous voudriez embrasser ; et je
connais à votre mine que le jeune blondin dont vous
m'avez parlé vous revient un peu dans l'esprit.

---

1. *Alarmes* (f.) : craintes.

MARIANE. Oui, c'est une chose, Frosine, dont je ne veux pas me
défendre ; et les visites respectueuses qu'il a rendues chez 1385
nous ont fait, je vous l'avoue, quelque effet dans mon
âme.

FROSINE. Mais avez-vous su quel[1] il est ?

MARIANE. Non, je ne sais point quel il est ; mais je sais qu'il est
fait d'un air[2] à se faire aimer ; que si l'on pouvait mettre 1390
les choses à mon choix, je le prendrais plutôt qu'un autre ;
et qu'il ne contribue pas peu à me faire trouver un
tourment effroyable dans l'époux qu'on veut me donner.

FROSINE. Mon Dieu ! tous ces blondins sont agréables, et débitent
fort bien leur fait[3] ; mais la plupart sont gueux[4] comme 1395
des rats ; et il vaut mieux pour vous de prendre[5] un vieux
mari qui vous donne beaucoup de bien. Je vous avoue
que les sens ne trouvent pas si bien leur compte du côté
que je dis, et qu'il y a quelques petits dégoûts à essuyer
avec un tel époux ; mais cela n'est pas pour durer, et sa 1400
mort, croyez-moi, vous mettra bientôt en état d'en
prendre un plus aimable, qui réparera toutes choses.

MARIANE. Mon Dieu ! Frosine, c'est une étrange affaire, lorsque,
pour être heureuse, il faut souhaiter ou attendre le trépas[6]
de quelqu'un, et la mort ne suit pas tous les projets que 1405
nous faisons.

---

1. *Quel* : qui.
2. *D'un air* : d'une manière.
3. *Débitent bien leur fait* : savent bien parler.
4. *Gueux* : pauvres.
5. *Il vaut mieux* [...] *de prendre* : il vaut mieux [...] prendre. La
   préposition ne s'emploie plus aujourd'hui.
6. *Trépas* (m.) : mort.

FROSINE. Vous moquez-vous ? Vous ne l'épousez qu'aux
conditions de vous laisser veuve bientôt ; et ce doit être là
un des articles du contrat. Il serait bien impertinent de ne
1410   pas mourir dans trois mois. Le voici en propre personne.

MARIANE. Ah ! Frosine, quelle figure !

SCÈNE 5

HARPAGON, FROSINE, MARIANE

HARPAGON, *à Mariane*.* Ne vous offensez pas, ma belle, si je viens à vous avec des lunettes. Je sais que vos appas[1] frappent assez les yeux, sont assez visibles d'eux-mêmes, et qu'il n'est pas besoin de lunettes pour les apercevoir ; mais 1415 enfin c'est avec des lunettes qu'on observe les astres, et je maintiens et je garantis que vous êtes un astre, mais un astre, le plus bel astre qui soit dans le pays des astres ; Frosine, elle ne répond mot et ne témoigne, ce me semble, aucune joie de me voir. 1420

FROSINE. C'est qu'elle est encore toute surprise ; et puis les filles ont toujours honte à témoigner d'abord ce qu'elles ont dans l'âme.

HARPAGON. Tu as raison. *(À Mariane.)** Voilà, belle mignonne, ma fille qui vient vous saluer.

---

1. *Appas* (m.) : attraits, agréments extérieurs.

SCÈNE 6

ÉLISE, HARPAGON, MARIANE, FROSINE

MARIANE. Je m'acquitte bien tard, Madame [1], d'une telle visite.

ÉLISE. Vous avez fait, Madame, ce que je devais faire, et c'était à moi de vous prévenir [2].

HARPAGON. Vous voyez qu'elle est grande ; mais mauvaise herbe
1430   croît toujours.

MARIANE, *bas à Frosine*. Oh ! l'homme déplaisant !

HARPAGON, *à Frosine*. Que dit la belle ?

FROSINE. Qu'elle vous trouve admirable.

HARPAGON. C'est trop d'honneur que vous me faites, adorable
1435   mignonne.

MARIANE, *à part*. Quel animal !

HARPAGON. Je vous suis trop obligé de ces sentiments.

MARIANE, *à part*. Je n'y puis plus tenir.

HARPAGON. Voici mon fils aussi qui vous vient faire la révérence.

1440 MARIANE, *à Frosine*. Ah ! Frosine, quelle rencontre ! C'est justement celui dont je t'ai parlé.

FROSINE, *à Mariane*. L'aventure est merveilleuse [3].

---

1. *Madame* (f.) : l'appellation, réservée aux femmes et aux jeunes filles de la noblesse, était parfois donnée aux jeunes filles de la bourgeoisie.
2. *Prévenir* : devancer.
3. *Merveilleuse* : extraordinaire.

HARPAGON. Je vois que vous vous étonnez de me voir de si grands enfants, mais je serai bientôt défait et de l'un et de l'autre.

Michel Bouquet (Théâtre de l'Atelier, 1989).

SCÈNE 7
CLÉANTE, HARPAGON, ÉLISE, MARIANE, FROSINE

CLÉANTE, *à Mariane.** Madame, à vous dire le vrai, c'est ici une aventure où sans doute je ne m'attendais pas ; et mon père ne m'a pas peu surpris lorsqu'il m'a dit tantôt le dessein qu'il avait formé.

MARIANE. Je puis dire la même chose. C'est une rencontre 1450 imprévue qui m'a surprise autant que vous ; et je n'étais point préparée à une pareille aventure.

CLÉANTE. Il est vrai que mon père, Madame, ne peut pas faire un plus beau choix, et que ce m'est une sensible [1] joie que l'honneur de vous voir ; mais avec tout cela, je ne vous assurerai point que je me réjouis du dessein où vous pourriez être de devenir ma belle-mère. Le compliment, je vous l'avoue, est trop difficile pour moi ; et c'est un titre, s'il vous plaît [2], que je ne vous souhaite point. Ce discours paraîtra brutal aux yeux de quelques-uns ; mais je suis assuré que vous serez personne à le prendre comme il faudra ; que c'est un mariage, Madame, où vous vous imaginez bien que je dois avoir de la répugnance ; que vous n'ignorez pas, sachant ce que je suis, comme il choque mes intérêts ; et que vous voulez bien enfin que je vous dise, avec la permission de mon père, que si les choses dépendaient de moi, cet hymen [3] ne se ferait point.

HARPAGON. Voilà un compliment bien impertinent : quelle belle confession à lui faire !

MARIANE. Et moi, pour vous répondre, j'ai à vous dire que les choses sont fort égales [4] ; et que si vous auriez [5] de la répugnance à me voir votre belle-mère, je n'en aurais pas moins sans doute à vous voir mon beau-fils. Ne croyez pas, je vous prie, que ce soit moi qui cherche à vous donner cette inquiétude. Je serais fort fâchée de vous causer du déplaisir et si je ne m'y vois forcée par une puissance absolue, je vous donne ma parole que je ne

---

1. *Sensible* : grande.
2. *S'il vous plaît* : ne vous déplaise.
3. *Hymen* (m.) : mariage.
4. *Sont fort égales* : sont les mêmes pour vous et pour moi.
5. *Si vous auriez* : si vous aviez. Dans le sens de « s'il est vrai que », si pouvait être suivi du conditionnel.

consentirai point au mariage qui vous chagrine.

HARPAGON. Elle a raison. À sot compliment il faut une réponse
de même. Je vous demande pardon, ma belle, de 1480
l'impertinence[1] de mon fils. C'est un jeune sot, qui ne sait
pas encore la conséquence des paroles qu'il dit.

MARIANE. Je vous promets que ce qu'il m'a dit ne m'a point du
tout offensée ; au contraire, il m'a fait plaisir de
m'expliquer ainsi ses véritables sentiments. J'aime de lui 1485
un aveu de la sorte ; et, s'il avait parlé d'autre façon, je
l'en estimerais bien moins.

HARPAGON. C'est beaucoup de bonté à vous de vouloir ainsi
excuser ses fautes. Le temps le rendra plus sage, et vous
verrez qu'il changera de sentiments. 1490

CLÉANTE. Non, mon père, je ne suis point capable d'en changer,
et je prie instamment Madame de le croire.

HARPAGON. Mais voyez quelle extravagance[2] ! il continue encore
plus fort.

CLÉANTE. Voulez-vous que je trahisse mon cœur ? 1495

HARPAGON. Encore ? Avez-vous envie de changer de discours ?

CLÉANTE. Hé bien ! puisque vous voulez que je parle d'autre
façon, souffrez, Madame, que je me mette ici à la place de
mon père, et que je vous avoue que je n'ai rien vu dans le
monde de si charmant que vous ; que je ne conçois rien 1500
d'égal au bonheur de vous plaire, et que le titre de votre
époux est une gloire, une félicité que je préférerais aux
destinées des plus grands princes de la terre. Oui,

---

1. *Impertinence* : sottise.
2. *Extravagance* (f.) : folie.

Madame, le bonheur de vous posséder est à mes regards
1505   la plus belle de toutes les fortunes [1] ; c'est où j'attache [2]
toute mon ambition ; il n'y a rien que je ne sois capable de
faire pour une conquête si précieuse, et les obstacles les
plus puissants…

HARPAGON. Doucement, mon fils, s'il vous plaît.

1510 CLÉANTE. C'est un compliment que je fais pour vous à Madame.

HARPAGON. Mon Dieu ! j'ai une langue pour m'expliquer moi-
même, et je n'ai pas besoin d'un procureur [3] comme vous.
Allons, donnez des sièges.

FROSINE. Non ; il vaut mieux que de ce pas nous allions à la foire,
1515   afin d'en revenir plus tôt, et d'avoir tout le temps ensuite
de vous entretenir.

HARPAGON, *à Brindavoine.** Qu'on mette donc les chevaux au
carrosse. *(À Mariane.)* Je vous prie de m'excuser, ma belle,
si je n'ai pas songé à vous donner un peu de collation [4]
1520   avant que de partir.

CLÉANTE. J'y ai pourvu, mon père, et j'ai fait apporter ici
quelques bassins [5] d'oranges de la Chine, de citrons doux [6]
et de confitures [7], que j'ai envoyé quérir [8] de votre part.

---

1. *Fortunes* (f.) : chances.
2. *C'est où j'attache* : c'est dans ce bonheur que je mets.
3. *Procureur* (m.) : délégué.
4. *Collation* (f.) : goûter.
5. *Bassins* (m.) : coupes.
6. *Oranges de la Chine, citrons doux* : au XVIIᵉ siècle les oranges et les citrons étaient des fruits recherchés. Les oranges de Chine, qui ne venaient pas de Chine, sont des oranges douces.
7. *Confitures* (f.) : fruits confits.
8. *Quérir* : chercher.

HARPAGON, *bas à Valère*. Valère !

VALÈRE, *à Harpagon*. Il a perdu le sens.   1525

CLÉANTE. Est-ce que vous trouvez, mon père, que ce ne soit pas
   assez ? Madame aura la bonté d'excuser cela, s'il vous
   plaît.

MARIANE. C'est une chose qui n'était pas nécessaire.

CLÉANTE. Avez-vous jamais vu, Madame, un diamant plus vif [1] 1530
   que celui que vous voyez que mon père a au doigt ?

MARIANE. Il est vrai qu'il brille beaucoup.

CLÉANTE, *l'ôtant du doigt de son père et le donnant à Mariane*. Il faut
   que vous le voyiez de près.

MARIANE. Il est fort beau sans doute, et jette quantité de feux.   1535

Une collation au XVIIᵉ siècle.

1. *Vif* : qui a de l'éclat.

CLÉANTE, *se mettant au-devant de Mariane, qui le veut rendre.*
Nenni [1], Madame, il est en de trop belles mains. C'est un
présent que mon père vous a fait.

HARPAGON. Moi ?

CLÉANTE. N'est-il pas vrai, mon père, que vous voulez que
1540   Madame le garde pour l'amour de vous ?

HARPAGON, *bas, à son fils.* Comment ?

CLÉANTE. Belle demande ! *(À Mariane.)* Il me fait signe de vous le
faire accepter.

MARIANE. Je ne veux point…

1545 CLÉANTE, *à Mariane.* Vous moquez-vous ? Il n'a garde de le
reprendre.

HARPAGON, *à part.* J'enrage !

MARIANE. Ce serait…

CLÉANTE, *en empêchant toujours Mariane de rendre la bague.* Non,
1550   vous dis-je, c'est l'offenser.

MARIANE. De grâce…

CLÉANTE. Point du tout.

HARPAGON, *à part.* Peste soit…

CLÉANTE. Le voilà qui se scandalise de votre refus.

1555 HARPAGON, *bas, à son fils.* Ah ! traître !

CLÉANTE. Vous voyez qu'il se désespère.

HARPAGON, *bas, à son fils, en le menaçant.* Bourreau que tu es !

---

1.   *Nenni* : non pas.

CLÉANTE. Mon père, ce n'est pas ma faute. Je fais ce que je puis pour l'obliger à la garder ; mais elle est obstinée.

HARPAGON, *bas, à son fils, avec emportement*. Pendard !   1560

CLÉANTE. Vous êtes cause, Madame, que mon père me querelle.

HARPAGON, *bas à son fils, avec les mêmes grimaces*. Le coquin !

CLÉANTE. Vous le ferez tomber malade. De grâce, Madame, ne résistez point davantage.

FROSINE. Mon Dieu ! que de façons ! Gardez la bague, puisque 1565 Monsieur le veut.

MARIANE, *à Harpagon*.* Pour ne vous point mettre en colère, je la garde maintenant ; et je prendrai un autre temps [1] pour vous la rendre.

---

1. *Je prendrai un autre temps* : je choisirai un autre moment.

SCÈNE 8
HARPAGON, MARIANE, FROSINE, CLÉANTE,
BRINDAVOINE, ÉLISE

1570 BRINDAVOINE. Monsieur, il y a là un homme qui veut vous parler.

HARPAGON. Dis-lui que je suis empêché, et qu'il revienne une autre fois.

BRINDAVOINE. Il dit qu'il vous apporte de l'argent.

HARPAGON. Je vous demande pardon. Je reviens tout à l'heure.

SCÈNE 9
HARPAGON, MARIANE, CLÉANTE, ÉLISE, FROSINE,
LA MERLUCHE

LA MERLUCHE (*Il vient en courant, et fait tomber Harpagon.*)
1575   Monsieur…

HARPAGON. Ah ! je suis mort.

CLÉANTE. Qu'est-ce, mon père ? vous êtes-vous fait mal ?

HARPAGON. Le traître assurément a reçu de l'argent de mes débiteurs, pour me faire rompre le cou.

1580 VALÈRE, *à Harpagon*.* Cela ne sera rien.

LA MERLUCHE, *à Harpagon*.* Monsieur, je vous demande pardon, je croyais bien faire d'accourir vite.

HARPAGON. Que viens-tu faire ici, bourreau ?

LA MERLUCHE. Vous dire que vos deux chevaux sont déferrés.

HARPAGON. Qu'on les mène promptement chez le maréchal[1].　　1585

CLÉANTE. En attendant qu'ils soient ferrés, je vais faire pour vous, mon père, les honneurs de votre logis, et conduire Madame dans le jardin, où je ferai porter la collation.

HARPAGON. Valère, aie un peu l'œil à tout cela ; et prends soin, je te prie, de m'en sauver le plus que tu pourras, pour le 1590 renvoyer au marchand.

VALÈRE. C'est assez.

HARPAGON, *seul*. Ô fils impertinent, as-tu envie de me ruiner ?

---

1. *Maréchal* (m.) : maréchal-ferrant, artisan qui ferre les chevaux.

A N A L Y S E

ACTE III

Scène 1

L'action

1. Faites le plan de cette scène et donnez un titre à chaque partie.

2. Bien que cette scène ne présente pas d'intérêt dramatique, l'attention du spectateur reste vive. Pourquoi ?

Les personnages

1. Quels sont les principaux traits du caractère de maître Jacques ?

2. Analysez l'image d'Harpagon que donne maître Jacques. En quoi complète-t-elle le portrait de l'avare ?

Le comique

1. Quels procédés comiques la caricature de l'avare exploite-t-elle ici ?

2. Le personnage de maître Jacques déclenche de nombreux gags. Donnez-en quelques exemples. À quel genre de comique appartiennent-ils ?

3. Pourquoi l'exclamation d'Harpagon : « tu manges tout mon bien » (l. 1210-1211) est-elle drôle ?

La langue et l'expression

1. Traditionnellement, les laquais portaient des sobriquets (cf. note 5 page 84, et **Les personnages**, acte I scène 3 question 2). Que vous suggèrent ceux de Brindavoine et de La Merluche ?

2. Sur quel ton, selon vous, sont prononcés les apartés de maître Jacques et les répliques qu'il adresse à Valère ?

3. Relevez une expression populaire utilisée par maître Jacques.

Les thèmes

1. À la flatterie de Valère et de Frosine s'oppose ici la sincérité de maître Jacques. Quel effet ce contraste produit-il ? À quels personnages du monde de la cour maître Jacques semble-t-il s'apparenter par son attitude sincère ?

2. Comment se traduit l'avarice d'Harpagon dans la vie de tous les jours ?

3. Qu'apprend-on sur les mœurs domestiques d'une famille bourgeoise au XVIIe siècle ?

Scène 2

L'action

1. Quelle est la fonction de cette scène ?

2. Que laisse prévoir la dernière réplique de maître Jacques (l. 1366-1370) ?

Les personnages

1. Quel nouvel aspect de la personnalité de maître Jacques cette scène révèle-t-elle ? Et quel aspect déjà apparu dans la scène précédente confirme-t-elle ?

2. Quelles semblent être les intentions de Valère au début de la scène ? Comment maître Jacques les interprète-t-il ? Pourquoi ?

Le comique

1. Analysez la construction symétrique de cette scène et l'effet comique qui en découle.

A N A L Y S E

2. Quels sont, dans cette scène, les éléments comiques relevant de la farce ?

La langue et l'expression

1. Quelle est la valeur de l'appellation « Monsieur » dont se servent maître Jacques et Valère ?

2. Dressez la liste des insultes que se lancent maître Jacques et le faux intendant. Que dénote l'expression « faquin de cuisinier » (l. 1356-1357) employée par Valère ?

Les thèmes

1. Le conflit qui oppose Valère et maître Jacques, et qui reflète l'opposition morale mensonge-sincérité, se termine par la victoire du premier. Quelles réflexions vous suggère cet échec de la sincérité ? Quel autre personnage célèbre de Molière vous vient-il à l'esprit ?

Scènes 3, 4, 5, 6

L'action

1. Quelle est l'importance dramatique des scènes 4, 5 et 6 ?

2. Attendue pendant plus de deux actes, Mariane entre enfin en scène. À quel moment de la pièce son apparition se situe-t-elle ? Dans quelle autre pièce célèbre Molière introduit-il tard un personnage important ?

Les personnages

1. Analysez les sentiments qu'éprouve successivement Mariane au cours des scènes 4 et 6. Sur quelle opposition dramatique ce personnage est-il construit ?

2. En quoi l'attitude de Frosine dans ces scènes renforce-t-elle les traits de son caractère apparus au cours de l'acte précédent ?

3. Pourquoi le vieil amoureux porte-t-il des lunettes ? Que nous révèle ce geste ?

4. Quels sentiments trahissent ces phrases prononcées par Harpagon dans la scène 6 : « mauvaise herbe croît toujours » (l. 1429-1430) et « je serai bientôt défait de l'un et de l'autre » (l. 1444-1445) ?

Le comique

1. Quoique parodique, la déclaration d'amour d'Harpagon dans la scène 5 n'est pas vraiment comique. Pourquoi ? Quels sentiments le spectateur éprouve-t-il ? Qu'est-ce qui fait rire surtout dans cette scène ?

2. Quel est le ressort comique exploité dans la scène 6 ?

La langue et l'expression

1. Analysez le langage d'Harpagon dans les scènes 5 et 6 en soulignant la pauvreté de son art oratoire et de sa rhétorique amoureuse.

2. Comment les sentiments et les émotions de Mariane dans les scènes 4 et 6 se traduisent-ils au niveau de l'expression ?

Les thèmes

1. Quel est le thème dominant dans ces scènes ? Pourquoi le thème de l'avarice est-il mis de côté ?

2. Pour la troisième fois au cours de la pièce, il est fait allusion ici à la mort d'Harpagon, présentée, plus ou moins ouvertement, comme souhaitable et libératoire (scène 4, l. 1400-1402, 1407-1410; cf. acte II, scène 1, l. 757-758 et scène 2, l. 782-783). Quelles réflexions ces allusions vous suggèrent-elles ?

A N A L Y S E

Scènes 7, 8, 9

L'action

1. Étudiez la transition entre les deux parties de la scène 7.

2. Pourquoi la présence muette de Valère et d'Élise, dans la scène 7, est-elle importante ?

3. Quelle est la fonction des scènes 8 et 9 ?

Les personnages

1. Dans la scène 1 de l'acte III (l. 1154-1158), Cléante avait promis à son père d'accueillir avec gentillesse sa future belle-mère. Respecte-t-il sa promesse ?

2. Comment le conflit entre le père et le fils évolue-t-il dans la scène 7 ? Que reproche surtout Harpagon à Cléante ? Que signifie dans ce contexte l'épisode de la collation et de la bague ?

3. L'attitude de Mariane dans la scène 7 répond-elle au cliché de la jeune fille douce et modeste ? Pourquoi refuse-t-elle la bague que lui offre Cléante ?

4. Comment Harpagon interprète-t-il les propos des deux jeunes amoureux au début de la scène ? À quel moment sa stupidité cède-t-elle la place à la méfiance ? Qu'est-ce qui le détourne d'éventuels soupçons ?

Le comique

1. Expliquez pourquoi, dans la scène 7, le comique est essentiellement de situation.

2. Trouvez dans les scènes 7 et 9 des éléments comiques appartenant au genre de la farce.

La langue et l'expression

1. Relevez les épithètes utilisées par Harpagon pour qualifier son fils (scène 7) et celles qu'il emploie contre La Merluche (scène 9). Qu'en concluez-vous ?

2. Analysez le dialogue entre Cléante et Mariane en relevant les procédés rhétoriques qui régissent le discours galant. Comparez ensuite ce dialogue avec celui entre Valère et Élise dans la première scène de l'acte I (en particulier l. 1-63). Quelle est la différence principale ? De quoi dépend-elle ?

Sur l'ensemble de l'acte III

1. Récapitulez les principaux faits survenus au cours des trois premiers actes et faites le bilan de la situation à la fin de l'acte III.

2. Dans le conflit jeunesse-vieillesse, qui remporte momentanément la victoire à la fin de cet acte ?

3. Quelle est la scène la plus comique de l'acte III ? Pourquoi ?

4. Quels sont les personnages qui font le plus rire ? Vers qui va la sympathie du spectateur ? Quelles conclusions en tirez-vous sur l'enseignement moral de la comédie ? Pourquoi maître Jacques suscite-t-il la sympathie du spectateur tout en le faisant rire ?

5. Quels sont les différents aspects de l'avarice représentés au cours de cet acte ?

ACTE IV

SCÈNE 1
CLÉANTE, MARIANE, ÉLISE, FROSINE

CLÉANTE. Rentrons ici, nous serons beaucoup mieux. Il n'y a plus
1595   autour de nous personne de suspect, et nous pouvons
    parler librement.

ÉLISE. Oui, Madame, mon frère m'a fait confidence de la passion
    qu'il a pour vous. Je sais les chagrins et les déplaisirs que
    sont capables de causer de pareilles traverses [1] ; et c'est, je
1600   vous assure, avec une tendresse extrême que je
    m'intéresse à votre aventure.

MARIANE. C'est une douce consolation que de voir dans ses
    intérêts une personne comme vous ; et je vous conjure,
    Madame, de me garder toujours cette généreuse amitié, si
1605   capable de m'adoucir les cruautés de la fortune.

FROSINE. Vous êtes, par ma foi, de malheureuses gens l'un et
    l'autre, de ne m'avoir point, avant tout ceci, avertie de

---

1. *Traverses* (f.) : difficultés, obstacles.

votre affaire. Je vous aurais sans doute détourné [1] cette inquiétude, et n'aurais point amené les choses où l'on voit qu'elles sont.   1610

CLÉANTE. Que veux-tu ? C'est ma mauvaise destinée qui l'a voulu ainsi. Mais, belle Mariane, quelles résolutions sont les vôtres ?

MARIANE. Hélas ! suis-je en pouvoir de faire des résolutions ? Et dans la dépendance où je me vois, puis-je former que [2] 1615 des souhaits ?

CLÉANTE. Point d'autre appui pour moi dans votre cœur que de simples souhaits ? point de pitié officieuse [3] ? point de secourable bonté ? point d'affection agissante ?

MARIANE. Que saurai-je vous dire ? Mettez-vous en ma place, et 1620 voyez ce que je puis faire. Avisez, ordonnez vous-même : je m'en remets à vous, et je vous crois trop raisonnable pour vouloir exiger de moi que ce qui peut m'être permis par l'honneur et la bienséance [4].

CLÉANTE. Hélas ! où me réduisez-vous, que de me renvoyer à [5] ce 1625 que voudront me permettre les fâcheux sentiments d'un rigoureux honneur et d'une scrupuleuse bienséance.

MARIANE. Mais que voulez-vous que je fasse ? Quand [6] je pourrais passer sur quantité d'égards où notre sexe est obligé, j'ai de la considération pour ma mère. Elle m'a 1630

---

1. *Détourné* : évité.
2. *Que* : autre chose que.
3. *Officieuse* : qui rend service.
4. *Bienséance* (f.) : conformité aux règles imposées par la société.
5. *Que de me renvoyer à* : en me renvoyant à.
6. *Quand* : quand bien même.

toujours élevée avec une tendresse extrême, et je ne saurais me résoudre à lui donner du déplaisir. Faites, agissez auprès d'elle ; employez tous vos soins à gagner son esprit : vous pouvez faire et dire tout ce que vous

1635   voudrez, je vous en donne la licence, et s'il ne tient qu'à [1] me déclarer en votre faveur, je veux bien consentir à lui faire un aveu moi-même de tout ce que je sens pour vous.

CLÉANTE. Frosine, ma pauvre Frosine, voudrais-tu nous servir ?

FROSINE. Par ma foi ! faut-il demander ? je le voudrais de tout

1640   mon cœur. Vous savez que de mon naturel je suis assez humaine ; le Ciel ne m'a point fait l'âme de bronze, et je n'ai que trop de tendresse à rendre de petits services, quand je vois des gens qui s'entr'aiment en tout bien et en tout honneur. Que pourrions-nous faire à ceci ?

1645 CLÉANTE. Songe [2] un peu, je te prie.

MARIANE. Ouvre-nous des lumières [3].

ÉLISE. Trouve quelque invention pour rompre ce que tu as fait.

FROSINE. Ceci est assez difficile. (À Mariane.)* Pour votre mère, elle n'est pas tout à fait déraisonnable, et peut-être

1650   pourrait-on la gagner, et la résoudre à transporter au fils le don qu'elle veut faire au père. (À Cléante.)* Mais le mal que j'y trouve, c'est que votre père est votre père.

CLÉANTE. Cela s'entend.

FROSINE. Je veux dire qu'il conservera du dépit, si l'on montre

1655   qu'on le refuse ; et qu'il ne sera point d'humeur ensuite à

---

1. *S'il ne tient qu'à* : s'il ne s'agit que de.
2. *Songe* : réfléchis.
3. *Ouvre-nous des lumières* : éclaire-nous, donne-nous des idées.

donner son consentement à votre mariage. Il faudrait,
pour bien faire, que le refus vînt de lui-même, et tâcher
par quelque moyen de le dégoûter de votre personne.

CLÉANTE. Tu as raison.

FROSINE. Oui, j'ai raison, je le sais bien. C'est là ce qu'il faudrait ; 1660
mais le diantre est d'en pouvoir trouver les moyens.
Attendez : si nous avions quelque femme un peu sur
l'âge [1], qui fût de mon talent [2], et jouât assez bien pour
contrefaire [3] une dame de qualité, par le moyen d'un
train [4] fait à la hâte, et d'un bizarre nom de marquise, ou 1665
de vicomtesse, que nous supposerions de la basse
Bretagne, j'aurais assez d'adresse pour faire accroire [5] à
votre père que ce serait une personne riche, outre ses
maisons, de cent mille écus en argent comptant ; qu'elle
serait éperdument amoureuse de lui, et souhaiterait de se 1670
voir sa femme, jusqu'à lui donner tout son bien par
contrat de mariage ; et je ne doute point qu'il ne prêtât
l'oreille à la proposition ; car enfin il vous aime fort, je le
sais ; mais il aime un peu plus l'argent ; et quand, ébloui
de ce leurre [6], il aurait une fois consenti à ce qui vous 1675
touche, il importerait peu ensuite qu'il se désabusât [7], en
venant à vouloir voir clair aux effets de notre marquise [8].

1. *Un peu sur l'âge* : d'un certain âge.
2. *Qui fût de mon talent* : qui fût ma complice.
3. *Contrefaire* : jouer le rôle de.
4. *Train* (m.) : suite de domestiques.
5. *Accroire* : croire.
6. *Leurre* (m.) : appât, artifice pour tromper.
7. *Qu'il se désabusât* : qu'il fût tiré d'erreur, détrompé.
8. *Voir clair* […] *marquise* : vérifier la valeur réelle des biens de la fausse
   marquise.

CLÉANTE. Tout cela est fort bien pensé.

FROSINE. Laissez-moi faire. Je viens de me ressouvenir d'une de
1680 mes amies, qui sera notre fait [1].

CLÉANTE. Sois assurée, Frosine, de ma reconnaissance, si tu viens
  à bout de la chose. Mais, charmante Mariane,
  commençons, je vous prie, par gagner votre mère ; c'est
  toujours beaucoup faire que de rompre ce mariage. Faites-
1685 y de votre part, je vous en conjure, tous les efforts qu'il
  vous sera possible ; servez-vous de tout le pouvoir que
  vous donne sur elle cette amitié qu'elle a pour vous ;
  déployez sans réserve les grâces éloquentes [2], les charmes
  tout-puissants que le Ciel a placés dans vos yeux et dans
1690 votre bouche ; et n'oubliez rien, s'il vous plaît, de ces
  tendres paroles, et de ces douces prières, et de ces
  caresses touchantes à qui je suis persuadé qu'on ne
  saurait rien refuser.

MARIANE. J'y ferai tout ce que je puis, et n'oublierai aucune
1695 chose.

---

1. *Sera notre fait* : fera notre affaire.
2. *Éloquentes* : convaincantes.

SCÈNE 2
HARPAGON, CLÉANTE, MARIANE, ÉLISE, FROSINE

HARPAGON, *à part, sans être aperçu.** Ouais ! mon fils baise la main de sa prétendue [1] belle-mère, et sa prétendue belle-mère ne s'en défend pas fort. Y aurait-il quelque mystère là-dessous ?

ÉLISE. Voilà mon père.   1700

HARPAGON. Le carrosse est tout prêt. Vous pouvez partir quand il vous plaira.

CLÉANTE. Puisque vous n'y allez pas, mon père, je m'en vais les conduire.

HARPAGON. Non, demeurez. Elles iront bien toutes seules ; et j'ai 1705 besoin de vous.

Ouais ! mon fils baise la main de sa prétendue belle-mère…

1. *Prétendue* : future.

SCÈNE 3

HARPAGON, CLÉANTE

HARPAGON. Ô çà, intérêt de belle-mère à part [1], que te semble à toi de cette personne ?

CLÉANTE. Ce qui m'en semble ?

1710 HARPAGON. Oui, de son air, de sa taille, de sa beauté, de son esprit ?

CLÉANTE. Là, là.

HARPAGON. Mais encore ?

CLÉANTE. À vous en parler franchement, je ne l'ai pas trouvée ici
1715   ce que je l'avais crue. Son air est de franche coquette ; sa taille est assez gauche [2], sa beauté très médiocre, et son esprit des plus communs. Ne croyez pas que ce soit, mon père, pour vous en dégoûter ; car belle-mère pour belle-mère, j'aime autant celle-là qu'une autre.

1720 HARPAGON. Tu lui disais tantôt pourtant…

CLÉANTE. Je lui ai dit quelques douceurs en votre nom, mais c'était pour vous plaire.

HARPAGON. Si bien donc que tu n'aurais pas d'inclination pour elle ?

1725 CLÉANTE. Moi ? point du tout.

HARPAGON. J'en suis fâché ; car cela rompt une pensée qui m'était venue dans l'esprit. J'ai fait, en la voyant ici,

---

1. *Intérêt de belle-mère à part* : à part le fait qu'il s'agit de ta future belle-mère.
2. *Gauche* : mal faite, mal tournée.

réflexion sur mon âge ; et j'ai songé qu'on pourra trouver à redire de me voir marier à une si jeune personne. Cette considération m'en faisait quitter le dessein ; et comme je 1730 l'ai fait demander, et que je suis pour elle engagé de parole [1], je te l'aurais donnée, sans l'aversion que tu témoignes.

CLÉANTE. À moi ?

HARPAGON. À toi.   1735

CLÉANTE. En mariage ?

HARPAGON. En mariage.

CLÉANTE. Écoutez : il est vrai qu'elle n'est pas fort à mon goût ; mais pour vous faire plaisir, mon père, je me résoudrai à l'épouser, si vous voulez.   1740

HARPAGON. Moi ? Je suis plus raisonnable que tu ne penses : je ne veux point forcer ton inclination.

CLÉANTE. Pardonnez-moi, je me ferai cet effort [2] pour l'amour de vous.

HARPAGON. Non, non ; un mariage ne saurait être heureux où 1745 l'inclination n'est pas.

CLÉANTE. C'est une chose, mon père, qui peut-être viendra ensuite ; et l'on dit que l'amour est souvent un fruit du mariage.

HARPAGON. Non : du côté de l'homme, on ne doit point risquer 1750 l'affaire, et ce sont des suites fâcheuses, où je n'ai garde

---

1. *Engagé de parole* : engagé par une promesse verbale.
2. *Je me ferai cet effort* : je ferai cet effort sur moi-même.

de me commettre [1]. Si tu avais senti quelque inclination pour elle, à la bonne heure : je te l'aurais fait épouser, au lieu de moi ; mais cela n'étant pas, je suivrai mon premier
1755   dessein, et je l'épouserai moi-même.

CLÉANTE. Hé bien ! mon père, puisque les choses sont ainsi, il faut vous découvrir mon cœur, il faut vous révéler notre secret. La vérité est que je l'aime, depuis un jour que je la vis dans une promenade ; que mon dessein était tantôt de
1760   vous la demander pour femme ; et que rien ne m'a retenu que la déclaration de vos sentiments, et la crainte de vous déplaire.

HARPAGON. Lui avez-vous rendu visite ?

CLÉANTE. Oui, mon père.

1765 HARPAGON. Beaucoup de fois ?

CLÉANTE. Assez, pour le temps qu'il y a [2].

HARPAGON. Vous a-t-on bien reçu ?

CLÉANTE. Fort bien, mais sans savoir qui j'étais ; et c'est ce qui a fait tantôt la surprise de Mariane.

1770 HARPAGON. Lui avez-vous déclaré votre passion, et le dessein où vous étiez de l'épouser ?

CLÉANTE. Sans doute ; et même j'en avais fait à sa mère quelque peu d'ouverture [3].

HARPAGON. A-t-elle écouté, pour sa fille, votre proposition ?

---

1. *Me commettre* : m'exposer.
2. *Pour le temps qu'il y a* : vu le temps passé depuis que nous nous connaissons.
3. *J'en avais fait* [...] *ouverture* : je m'étais un peu ouvert à sa mère sur ce sujet.

CLÉANTE. Oui, fort civilement.   1775

HARPAGON. Et la fille correspond-elle fort à votre amour ?

CLÉANTE. Si j'en dois croire les apparences, je me persuade, mon
père, qu'elle a quelque bonté pour moi.

HARPAGON, *à part.** Je suis bien aise d'avoir appris un tel secret ;
et voilà justement ce que je demandais. *(Haut.)** Oh sus [1] !   1780
mon fils, savez-vous ce qu'il y a ? c'est qu'il faut songer,
s'il vous plaît, à vous défaire de votre amour ; à cesser
toutes vos poursuites auprès d'une personne que je
prétends pour moi [2] ; et à vous marier dans peu avec celle
qu'on vous destine.   1785

CLÉANTE. Oui, mon père, c'est ainsi que vous me jouez ! Hé
bien ! puisque les choses en sont venues là, je vous
déclare, moi, que je ne quitterai point la passion que j'ai
pour Mariane, qu'il n'y a point d'extrémité où je ne
m'abandonne pour vous disputer sa conquête, et que si   1790
vous avez pour vous le consentement d'une mère, j'aurai
d'autres secours peut-être qui combattront pour moi.

HARPAGON. Comment, pendard ? tu as l'audace d'aller sur mes
brisées [3] ?

CLÉANTE. C'est vous qui allez sur les miennes ; et je suis le   1795
premier en date.

HARPAGON. Ne suis-je pas ton père ? et ne me dois-tu pas
respect !

1. *Sus* : allons.
2. *Que je prétends pour moi* : à laquelle j'aspire moi-même.
3. *Aller sur mes brisées* : entrer en concurrence avec moi. L'expression
   appartient au langage de la chasse : les *brisées* désignent les branches
   « brisées » par une meute de chiens ou par le chasseur lui-même
   pour reconnaître la piste de la bête.

CLÉANTE. Ce ne sont point ici des choses où les enfants soient
1800   obligés de déférer [1] aux pères ; et l'amour ne connaît
personne.

HARPAGON. Je te ferai bien me connaître, avec de bons coups de
bâton.

CLÉANTE. Toutes vos menaces ne font rien.

1805 HARPAGON. Tu renonceras à Mariane.

CLÉANTE. Point du tout.

HARPAGON. Donnez-moi un bâton tout à l'heure.

---

1.   *Déférer* : obéir.

SCÈNE 4

MAÎTRE JACQUES, HARPAGON, CLÉANTE

MAÎTRE JACQUES. Eh ! eh ! eh ! Messieurs, qu'est-ce ci [1] ? À quoi songez-vous.

CLÉANTE. Je me moque de cela.   1810

MAÎTRE JACQUES, *à Cléante.** Ah ! Monsieur, doucement.

HARPAGON. Me parler avec cette impudence !

MAÎTRE JACQUES, *à Harpagon.** Ah ! Monsieur, de grâce.

CLÉANTE. Je n'en démordrai point.

MAÎTRE JACQUES, *à Cléante.* Hé quoi ? à votre père ?   1815

HARPAGON. Laisse-moi faire.

MAÎTRE JACQUES, *à Harpagon.** Hé quoi ? à votre fils ? Encore passe pour moi.

HARPAGON. Je te veux faire toi-même, maître Jacques, juge de cette affaire, pour montrer comme j'ai raison.   1820

MAÎTRE JACQUES. J'y consens. *(À Cléante.)** Éloignez-vous un peu.

HARPAGON. J'aime une fille, que je veux épouser ; et le pendard a l'insolence de l'aimer avec moi, et d'y prétendre [2] malgré mes ordres.

MAÎTRE JACQUES. Ah ! il a tort.   1825

HARPAGON. N'est-ce pas une chose épouvantable, qu'un fils qui

---

1. *Qu'est-ce ci ?* : que se passe-t-il ici ?
2. *Y prétendre* : aspirer à elle.

veut entrer en concurrence avec son père ? et ne doit-il pas, par respect, s'abstenir de toucher à mes inclinations ?

MAÎTRE JACQUES. Vous avez raison. Laissez-moi lui parler, et
1830   demeurez là. *Il vient trouver Cléante à l'autre bout du théâtre.*

CLÉANTE, *à maître Jacques, qui s'approche de lui.* Hé bien ! oui, puisqu'il veut te choisir pour juge, je n'y recule point[1] ; il ne m'importe qui ce soit[2] ; et je veux bien aussi me rapporter à toi[3], maître Jacques, de notre différend[4].

1835 MAÎTRE JACQUES. C'est beaucoup d'honneur que vous me faites.

CLÉANTE. Je suis épris d'une jeune personne qui répond à mes vœux, et reçoit tendrement les offres de ma foi ; et mon père s'avise de venir troubler notre amour par la demande qu'il en fait faire.

1840 MAÎTRE JACQUES. Il a tort assurément.

CLÉANTE. N'a-t-il point de honte, à son âge, de songer à se marier ? lui sied-il bien d'être encore amoureux ? et ne devrait-il pas laisser cette occupation aux jeunes gens ?

MAÎTRE JACQUES. Vous avez raison, il se moque. Laissez-moi lui
1845   dire deux mots. *(Il revient à Harpagon.)* Hé bien ! votre fils n'est pas si étrange que vous le dites, et il se met à la raison. Il dit qu'il sait le respect qu'il vous doit, qu'il ne s'est emporté que dans la première chaleur[5], et qu'il ne

---

1. *Je n'y recule point* : je ne recule point devant cela.
2. *Il ne m'importe qui ce soit* : peu m'importe qui sera le juge.
3. *Me rapporter à toi* : m'en remettre à toi comme juge.
4. *Différend* (m.) : désaccord.
5. *Dans la première chaleur* : dans un premier mouvement, dans un premier élan.

fera point refus de se soumettre à ce qu'il vous plaira, pourvu que vous vouliez le traiter mieux que vous ne 1850 faites, et lui donner quelque personne en mariage dont il ait lieu d'être content.

HARPAGON. Ah ! dis-lui, maître Jacques, que moyennant cela, il pourra espérer toutes choses de moi ; et que, hors Mariane, je lui laisse la liberté de choisir celle qu'il 1855 voudra.

MAÎTRE JACQUES. Laissez-moi faire. *(Il va au fils.)* Hé bien ! votre père n'est pas si déraisonnable que vous le faites ; et il m'a témoigné que ce sont vos emportements qui l'ont mis en colère ; qu'il n'en veut seulement qu'à votre manière 1860 d'agir, et qu'il sera fort disposé à vous accorder ce que vous souhaitez, pourvu que vous vouliez vous y prendre par la douceur, et lui rendre les déférences, les respects, et les soumissions qu'un fils doit à son père.

CLÉANTE. Ah ! maître Jacques, tu lui peux assurer que, s'il 1865 m'accorde Mariane, il me verra toujours le plus soumis de tous les hommes ; et que jamais je ne ferai aucune chose que par ses volontés.

MAÎTRE JACQUES, *à Harpagon.** Cela est fait. Il consent à ce que vous dites. 1870

HARPAGON. Voilà qui va le mieux du monde.

MAÎTRE JACQUES, *à Cléante.** Tout est conclu. Il est content de vos promesses.

CLÉANTE. Le Ciel en soit loué !

MAÎTRE JACQUES. Messieurs, vous n'avez qu'à parler ensemble 1875 vous voilà d'accord maintenant ; et vous alliez vous quereller, faute de vous entendre.

CLÉANTE. Mon pauvre maître Jacques, je te serai obligé toute ma vie.

1880 MAÎTRE JACQUES. Il n'y a pas de quoi, Monsieur.

HARPAGON. Tu m'as fait plaisir, maître Jacques, et cela mérite une récompense. Va, je m'en souviendrai, je t'assure.
(Il tire son mouchoir de sa poche, ce qui fait croire à maître Jacques qu'il va lui donner quelque chose.)

MAÎTRE JACQUES. Je vous baise les mains [1].

---

1. *Je vous baise les mains* : formule de politesse pour dire « je vous remercie ».

SCÈNE 5
CLÉANTE, HARPAGON

CLÉANTE. Je vous demande pardon, mon père, de l'emportement que j'ai fait paraître. 1885

HARPAGON. Cela n'est rien.

CLÉANTE. Je vous assure que j'en ai tous les regrets du monde.

HARPAGON. Et moi, j'ai toutes les joies du monde de te voir raisonnable.

CLÉANTE. Quelle bonté à vous d'oublier si vite ma faute ! 1890

HARPAGON. On oublie aisément les fautes des enfants, lorsqu'ils rentrent dans leur devoir.

CLÉANTE. Quoi . ne garder aucun ressentiment de toutes mes extravagances ?

HARPAGON. C'est une chose où tu m'obliges par [1] la soumission 1895 et le respect où tu te ranges.

CLÉANTE. Je vous promets, mon père, que, jusques au tombeau, je conserverai dans mon cœur le souvenir de vos bontés.

HARPAGON. Et moi, je te promets qu'il n'y aura aucune chose que de moi tu n'obtiennes. 1900

CLÉANTE. Ah ! mon père, je ne vous demande plus rien ; et c'est m'avoir assez donné que de me donner Mariane.

HARPAGON. Comment ?

---

1. *Où tu m'obliges par* : que je te dois à cause de.

CLÉANTE. Je dis, mon père, que je suis trop content de vous, et
1905   que je trouve toutes choses dans la bonté que vous avez
de m'accorder Mariane.

HARPAGON. Qui est-ce qui parle de t'accorder Mariane ?

CLÉANTE. Vous, mon père.

HARPAGON. Moi !

1910 CLÉANTE. Sans doute.

HARPAGON. Comment ? C'est toi qui as promis d'y renoncer.

CLÉANTE. Moi, y renoncer ?

HARPAGON. Oui.

CLÉANTE. Point du tout.

1915 HARPAGON. Tu ne t'es pas départi d'y prétendre [1] ?

CLÉANTE. Au contraire, j'y suis porté plus que jamais.

HARPAGON. Quoi ? pendard, derechef [2] ?

CLÉANTE. Rien ne me peut changer.

HARPAGON. Laisse-moi faire, traître.

1920 CLÉANTE. Faites tout ce qu'il vous plaira.

HARPAGON. Je te défends de me jamais voir.

CLÉANTE. À la bonne heure.

HARPAGON. Je t'abandonne.

CLÉANTE. Abandonnez.

---

1. *Tu ne t'es pas départi d'y prétendre* : tu n'as pas renoncé à aspirer à elle.
2. *Derechef* : de nouveau.

HARPAGON. Je te renonce [1] pour mon fils. 1925

CLÉANTE. Soit.

HARPAGON. Je te déshérite.

CLÉANTE. Tout ce que vous voudrez.

HARPAGON. Et je te donne ma malédiction.

CLÉANTE. Je n'ai que faire de vos dons. 1930

---

1. *Je te renonce* : je te désavoue.

SCÈNE 6
LA FLÈCHE, CLÉANTE

LA FLÈCHE, *sortant du jardin, avec une cassette.* Ah ! Monsieur, que je vous trouve à propos ! suivez-moi vite.

CLÉANTE. Qu'y a-t-il ?

LA FLÈCHE. Suivez-moi, vous dis-je, nous sommes bien [1].

1935 CLEANTE. Comment ?

LA FLÈCHE. Voici votre affaire.

CLÉANTE. Quoi ?

LA FLÈCHE. J'ai guigné [2] ceci tout le jour.

CLÉANTE. Qu'est-ce que c'est ?

1940 LA FLÈCHE. Le trésor de votre père, que j'ai attrapé.

CLÉANTE. Comment as-tu fait ?

LA FLÈCHE. Vous saurez tout. Sauvons-nous, je l'entends crier.

---

1. *Nous sommes bien* : tout va bien pour nous.
2. *Guigné* : guetté.

SCÈNE 7

HARPAGON, *Il crie au voleur dès le jardin, et vient sans chapeau.*

Au voleur ! au voleur ! à l'assassin ! au meutrier ! Justice, juste Ciel ! je suis perdu, je suis assassiné, on m'a coupé la gorge, on m'a dérobé mon argent. Qui peut-ce être ? Qu'est-il devenu ? Où est-il ? Où se cache-t-il ? Que ferai-je pour le trouver ? Où courir ? Où ne pas courir ? N'est-il point là ? N'est-il point ici ? Qui est-ce ? Arrête! *(Il se prend lui-même le bras.)* Rends-moi mon argent, coquin! … Ah ! c'est moi. Mon esprit est troublé, et j'ignore où je suis, qui je suis, et ce que je fais. Hélas ! mon pauvre argent, mon pauvre argent, mon cher ami ! on m'a privé de toi ; et puisque tu m'es enlevé, j'ai perdu mon support [1], ma consolation, ma joie ; tout est fini pour moi, et je n'ai plus que faire au monde : sans toi, il m'est impossible de vivre. C'en est fait, je n'en puis plus ; je me meurs, je suis mort, je suis enterré. N'y a-t-il personne qui veuille me ressusciter, en me rendant mon cher argent, ou en m'apprenant qui l'a pris ? Euh ? que dites-vous ? Ce n'est personne. Il faut, qui que ce soit qui ait fait le coup, qu'avec beaucoup de soin on ait épié l'heure ; et l'on a choisi justement le temps que je parlais à mon traître de fils. Sortons. Je veux aller quérir

1945

1950

1955

1960

---

1. *Support* (m.) : soutien.

la justice, et faire donner la question [1] à toute la maison : à
servantes, à valets, à fils, à fille, et à moi aussi. Que de

1965   gens assemblés [2] ! Je ne jette mes regards sur personne qui
ne me donne des soupçons, et tout me semble mon voleur.
Eh ! de quoi est-ce qu'on parle là ? De celui qui m'a
dérobé ? Quel bruit fait-on là-haut ? Est-ce mon voleur qui
y est ? De grâce, si l'on sait des nouvelles de mon voleur, je

1970   supplie que l'on m'en dise. N'est-il point caché là parmi
vous ? Ils me regardent tous, et se mettent à rire. Vous
verrez qu'ils ont part sans doute au vol que l'on m'a fait.
Allons vite, des commissaires [3], des archers [4], des prévôts [5],
des juges, des gênes [6], des potences et des bourreaux. Je

1975   veux faire pendre tout le monde ; et si je ne retrouve mon
argent, je me pendrai moi-même après.

*Je ne jette mes regards sur personne qui me donne
des soupçons, et tout me semble mon voleur.*

---

1. *Question* (f.) : torture à laquelle on soumettait les présumés
coupables pour en obtenir des aveux.

2. *Gens assemblés* : il s'agit des spectateurs.

3. *Commissaires* (m.) : au XVIIe siècle, officiers de police chargés des
enquêtes. Aujourd'hui ce sont les juges d'instruction.

4. *Archers* (m.) : agents de police chargés de maintenir l'ordre.

5. *Prévôts* (m.) : juges, officiers judiciaires.

6. *Gênes* (f.) : supplices du même genre que la question.

ACTE IV

Scène 1

L'action

1. Comment cette scène renouvelle-t-elle le suspense ?

2. Vers quelle nouvelle péripétie l'intérêt du spectateur se tourne-t-il à la fin de la scène ? En quoi cette perspective crée-t-elle un moment de détente ?

Les personnages

1. Quelle est l'attitude d'Élise à l'égard de Mariane ? Et à l'égard de Frosine ?

2. Commentez le comportement de Mariane dans cette scène en le comparant à celui qu'elle avait eu dans la scène 7 de l'acte III. Quelles valeurs invoque-t-elle ici pour se justifier ? À quels codes ses arguments renvoient-ils ?

3. Comment Cléante réagit-il face à l'attitude prudente et craintive de Mariane ? Quel trait de son caractère cette réaction souligne-t-elle ?

4. Comment expliquez-vous le revirement de Frosine ?

La langue et l'expression

1. Le mode impératif est souvent utilisé dans cette scène. Essayez d'expliquer le sens de ses différents emplois.

2. Que souligne l'insistance de la forme interrogative dans la première partie de la scène ?

3. Que dénote chez Cléante la répétition de la négation « point de » (l. 1617-1619) ?

ANALYSE

4. Relevez, dans la dernière tirade de Cléante, les expressions appartenant au langage de la galanterie.

5. Expliquez l'expression : « les fâcheux sentiments d'un rigoureux honneur et d'une scrupuleuse bienséance » (l. 1626-1627). Quelle est la différence entre « honneur » et « bienséance » ?

6. Sur quelle figure de rhétorique est construite l'expression : « elle n'est pas tout à fait déraisonnable » (l. 1649) ?

Les thèmes

1. Dans cette scène, on trouve réunis deux thèmes-clés de la comédie. Lesquels ? Comment sont-ils ici imbriqués ?

Scènes 2, 3

L'action

1. Quel est l'intérêt de la scène 2 ?

2. Pourquoi la scène 3 constitue-t-elle le point culminant de la comédie ?

3. Analysez les différents moments de la scène 3, en soulignant les phases de la technique mise en œuvre par Harpagon pour piéger Cléante.

Les personnages

1. Les propos d'Harpagon sur le mariage (scène 3, l. 1745-1746, 1750-1755) répondent-ils à ses convictions ? Et ceux de Cléante sur l'obéissance filiale (l. 1738-1740, 1743-1744) ? Sur quel mode la relation père-fils se joue-t-elle ici ?

2. Harpagon révèle ici un esprit diaboliquement futé. En quoi cet esprit rusé est-il bien conforme au caractère du vieil avare ?

3. Pourquoi Cléante se laisse-t-il si facilement leurrer ? Cette ingénuité contraste-t-elle avec son caractère ?

Le comique

1. Quoique essentiellement grave, la scène 3 ne manque pas de faire sourire, surtout dans la première partie. Qu'est-ce qui amuse ici le spectateur ?

2. À quel genre de comique renvoie le bâton réclamé par Harpagon à la fin de la scène 3 ? Quelle est la fonction de cette réplique ?

La langue et l'expression

1. Comment Cléante répond-il aux questions pressantes de son père dans la première partie de la scène 3 ? Et dans la deuxième partie ? Que dénotent ces différentes façons de répondre ?

2. Relevez, dans la première partie de la scène 3, les expressions employées par Cléante pour simuler le respect filial.

3. Quel est l'effet produit par cette réplique d'Harpagon : « Oui, de son air, de sa taille, de sa beauté, de son esprit » (scène 3, l. 1710-1711) ?

4. S'adressant à son fils, Harpagon passe du tutoiement au vouvoiement et de nouveau au tutoiement. Que souligne chacun de ces passages ?

Les thèmes

1. Comment évoluent ici le thème du mariage et celui des relations familiales ?

A N A L Y S E

2. Pris dans le piège d'Harpagon, Cléante décide de recourir à la sincérité et d'avouer à son père son amour pour Mariane. Dans le contexte thématique analysé jusqu'ici, en quoi l'échec de cette démarche est-il particulièrement significatif ?

Scène 4

L'action

1. Cette scène fait-elle avancer l'action ? Quelle est sa fonction ?

Les personnages

1. Montrez comment maître Jacques critique, de façon implicite et détournée, aussi bien Harpagon que Cléante.

2. Maître Jacques joue-t-il le double jeu, ou veut-il au contraire rétablir de bonne foi la paix ? Répondez en vous fondant sur la psychologie du personnage telle qu'elle est apparue au cours de l'acte III.

3. Que soulignent ces mots d'Harpagon : « Je te veux faire toi-même, maître Jacques, juge de cette affaire, pour montrer comme j'ai raison » (l. 1819-1820) ?

4. Quelles raisons Harpagon invoque-t-il contre son fils et quels sont les arguments de Cléante contre son père ? Comparez ces raisons et ces arguments avec les affirmations faites par les deux personnages dans la scène précédente.

Le comique

1. Quel élément annonçait, dans la scène précédente, que l'atmosphère allait se détendre en évoluant vers le comique ?

2. Énumérez quelques-unes des répliques symétriques d'Harpagon, de Cléante et de maître Jacques. Quel genre de comique cette symétrie déclenche-t-elle ?

La langue et l'expression

1. Quelle est la valeur de la forme interrogative dans les répliques d'Harpagon (l. 1826-1828) et de Cléante (l. 1841-1843) ?

2. Relevez dans cette scène tous les discours indirects et mettez-les au style direct.

3. Sur quel ton maître Jacques prononce-t-il, d'après vous, la formule de politesse finale ?

Scène 5

L'action

1. Faites le plan de cette scène. Quelle est l'expression qui fait basculer la situation ?

2. Cette scène se rattache-t-elle à la scène précédente ou à la scène 3 ?

Les personnages

1. La première partie de cette scène nous présente Cléante enfin réconcilié avec son père. Comment exprime-t-il sa reconnaissance ?

2. Relevez, dans la deuxième partie de la scène, le crescendo des menaces d'Harpagon. Que révèle-t-il chez le vieil avare ?

A N A L Y S E

Le comique

1. Sur quel procédé, relevant du comique de situation, cette scène repose-t-elle ? Rappelez-vous un autre exemple de scène construite sur le même jeu comique.

2. Sur le comique de situation se greffe ici un comique de mots. Quel en est le mécanisme ?

La langue et l'expression

1. Comment le ton et le rythme des répliques changent-ils dans la seconde partie de cette scène ? Que souligne, au point de vue psychologique, ce changement ?

2. Relevez, dans les répliques d'Harpagon, les mots appartenant au vocabulaire de la morale.

3. Par quels mots Cléante désigne-t-il le comportement qu'il a eu au cours des scènes précédentes ? Exagère-t-il ses fautes ?

Les thèmes

1. Dans les cinq premières scènes de l'acte IV, le thème de l'argent a été mis de côté. À quoi le spectateur s'attend-il maintenant ?

Scènes 6, 7

L'action

1. Pourquoi le vol de la cassette représente-t-il un coup de théâtre ?

2. Quelle indication importante, au point de vue de la dramaturgie classique, fournit la scène 6 ?

3. Faites le plan détaillé du monologue d'Harpagon et commentez-le.

Les personnages

1. Quel trait de son caractère La Flèche révèle-t-il par le vol de la cassette ? Comment ce personnage se distingue-t-il de tous les autres ?

2. Que dénote la suite de questions que Cléante pose à son valet dans la scène 6 ?

3. Pourquoi Molière a-t-il laissé Harpagon monologuer ? Que nous apprend ce monologue sur les sentiments profonds de l'avare ? Comment les paroles d'Harpagon résument-elles les diverses manifestations de l'avarice apparues au cours de la pièce ?

4. Dans quelle scène, et par quel personnage, l'avarice d'Harpagon avait-elle été présentée comme une véritable maladie capable de le tuer ?

Le comique

1. Le désespoir d'Harpagon délirant seul sur la scène déclenche le rire. Relevez au moins trois procédés comiques dans ce célèbre monologue.

La langue et l'expression

1. Quels sont les éléments stylistiques qui traduisent le désespoir de l'avare ?

2. Relevez les pronoms indéfinis présents dans le monologue d'Harpagon. Que suggère leur emploi insistant ?

3. Que soulignent, au point de vue psychologique, les deux énumérations : « à servantes, à valets... » (l. 1963-1964), et « des commissaires, des archers... » (l. 1973-1974) ?

A N A L Y S E

4. Sur quel ton, d'après vous, Harpagon invoque-t-il son argent (l. 1951-1955) ?

Les thèmes

1. Sur quel aspect de la vie au XVIIe siècle la scène 7 nous renseigne-t-elle ?

Sur l'ensemble de l'acte IV

1. Résumez les principaux événements survenus au cours de l'acte IV. Quels sont les deux éléments susceptibles, à ce point de la comédie, d'apporter une solution ? Lequel est le plus plausible ? Pourquoi ?

2. Quels sont les personnages restés au deuxième plan au cours de cet acte ? Par respect de quelle règle du théâtre classique cet effacement est-il imposé ?

3. Goethe considérait *L'Avare* comme une pièce « à un haut degré tragique ». Quelles sont les scènes de l'acte IV qui pourraient justifier cette opinion ? En quoi frôlent-elles le tragique ?

4. Le vol de la cassette surprend-il le spectateur ? À quel moment Harpagon avait-il fait allusion à son argent enterré ? Qui avait menacé de voler le vieil avare ? Dans quelle scène ?

ACTE V

SCÈNE 1
HARPAGON, LE COMMISSAIRE, SON CLERC [1]

LE COMMISSAIRE. Laissez-moi faire, je sais mon métier, Dieu merci. Ce n'est pas d'aujourd'hui que je me mêle de découvrir des vols ; et je voudrais avoir autant de sacs de mille francs que j'ai fait pendre de personnes. 1980

HARPAGON. Tous les magistrats sont intéressés à prendre cette affaire en main ; et si l'on ne me fait retrouver mon argent, je demanderai justice de la justice.

LE COMMISSAIRE. Il faut faire toutes les poursuites [2] requises. Vous dites qu'il y avait dans cette cassette… ? 1985

HARPAGON. Dix mille écus bien comptés.

LE COMMISSAIRE. Dix mille écus !

HARPAGON. Dix mille écus.

LE COMMISSAIRE. Le vol est considérable.

---

1. *Clerc* (m.) : employé d'une étude publique d'officier.
2. *Poursuites* (f.) : procédures judiciaires.

1990 HARPAGON. Il n'y a point de supplice assez grand pour
      l'énormité de ce crime ; et, s'il demeure impuni, les choses
      les plus sacrées ne sont plus en sûreté.

LE COMMISSAIRE. En quelles espèces était cette somme ?

HARPAGON. En bons louis d'or [1] et pistoles bien trébuchantes [2].

1995 LE COMMISSAIRE. Qui soupçonnez-vous de ce vol ?

HARPAGON. Tout le monde ; et je veux que vous arrêtiez
      prisonniers [3] la ville et les faubourgs.

LE COMMISSAIRE. Il faut, si vous m'en croyez, n'effaroucher
      personne, et tâcher doucement d'attraper quelques
2000   preuves, afin de procéder après par la rigueur au
      recouvrement des deniers qui vous ont été pris.

1. *Louis d'or* : le louis d'or valait vingt-quatre livres. Le premier louis
    portait l'effigie de Louis XIII.
2. *Trébuchantes* : qui ont le poids réglementaire d'or ou d'argent et qui
    font donc pencher comme il convient le trébuchet, c'est-à-dire la
    balance avec laquelle on les pèse.
3. *Que vous arrêtiez prisonniers* : que vous fassiez prisonniers.

SCÈNE 2

MAÎTRE JACQUES, HARPAGON, LE COMMISSAIRE, SON CLERC

MAÎTRE JACQUES, *au bout du théâtre, en se retournant du côté dont il sort.*

Je m'en vais revenir. Qu'on me l'égorge tout à l'heure ; qu'on me lui fasse griller les pieds, qu'on me le mette dans l'eau bouillante, et qu'on me le pende au plancher.

HARPAGON, *à maître Jacques.** Qui ? celui qui m'a dérobé ?   2005

MAÎTRE JACQUES. Je parle d'un cochon de lait que votre intendant me vient d'envoyer, et je veux vous l'accommoder [1] à ma fantaisie.

HARPAGON. Il n'est pas question de cela ; et voilà Monsieur, à qui il faut parler d'autre chose.   2010

LE COMMISSAIRE, *à maître Jacques.** Ne vous épouvantez point. Je suis homme à ne vous point scandaliser [2], et les choses iront dans la douceur.

MAÎTRE JACQUES. Monsieur est de votre souper ?

LE COMMISSAIRE. Il faut ici, mon cher ami, ne rien cacher à votre   2015
maître.

MAÎTRE JACQUES. Ma foi ! Monsieur, je montrerai tout ce que je sais faire, et je vous traiterai du mieux qu'il me sera possible.

HARPAGON. Ce n'est pas là l'affaire.   2020

MAÎTRE JACQUES. Si je ne vous fais pas aussi bonne chère que je

---

1. *Accommoder* : préparer, cuisiner.
2. *Scandaliser* : diffamer.

voudrais, c'est la faute de Monsieur notre intendant, qui
m'a rogné les ailes avec les ciseaux de son économie.

HARPAGON. Traître, il s'agit d'autre chose que de souper ; et je
2025   veux que tu me dises des nouvelles de l'argent qu'on m'a
pris.

MAÎTRE JACQUES. On vous a pris de l'argent ?

HARPAGON. Oui, coquin ; et je m'en vais te pendre, si tu ne me le
rends.

2030 LE COMMISSAIRE, *à Harpagon*.* Mon Dieu ! ne le maltraitez point.
Je vois à sa mine qu'il est honnête homme, et que sans se
faire mettre en prison, il vous découvrira ce que vous
voulez savoir. Oui, mon ami, si vous nous confessez la
chose, il ne vous sera fait aucun mal, et vous serez
2035   récompensé comme il faut par votre maître. On lui a pris
aujourd'hui son argent, et il n'est pas que [1] vous ne
sachiez quelques nouvelles de cette affaire.

MAÎTRE JACQUES, *à part*. Voici justement ce qu'il me faut pour me
venger de notre intendant : depuis qu'il est entré céans, il
2040   est le favori, on n'écoute que ses conseils, et j'ai aussi sur
le cœur les coups de bâton de tantôt.

HARPAGON. Qu'as-tu à ruminer ?

LE COMMISSAIRE, *à Harpagon*.* Laissez-le faire. Il se prépare à vous
contenter, et je vous ai bien dit qu'il était honnête homme.

2045 MAÎTRE JACQUES. Monsieur, si vous voulez que je vous dise les
choses, je crois que c'est Monsieur votre cher intendant
qui a fait le coup.

HARPAGON. Valère !

---

1. *Il n'est pas que* : il n'est pas possible que.

MAÎTRE JACQUES. Oui.

HARPAGON. Lui, qui me paraît si fidèle ?   2050

MAÎTRE JACQUES. Lui-même. Je crois que c'est lui qui vous a dérobé.

HARPAGON. Et sur quoi le crois-tu ?

MAÎTRE JACQUES. Sur quoi ?

HARPAGON. Oui.   2055

MAÎTRE JACQUES. Je le crois… sur ce que je le crois.

LE COMMISSAIRE. Mais il est nécessaire de dire les indices que vous avez.

HARPAGON. L'as-tu vu rôder autour du lieu où j'avais mis mon argent ?   2060

MAÎTRE JACQUES. Oui, vraiment. Où était-il votre argent ?

HARPAGON. Dans le jardin.

MAÎTRE JACQUES. Justement. Je l'ai vu rôder dans le jardin. Et dans quoi est-ce que cet argent était ?

HARPAGON. Dans une cassette.   2065

MAÎTRE JACQUES. Voilà l'affaire. Je lui ai vu une cassette.

HARPAGON. Et cette cassette, comment est-elle faite ? Je verrai bien si c'est la mienne.

MAÎTRE JACQUES. Comment elle est faite ?

HARPAGON. Oui.   2070

MAÎTRE JACQUES. Elle est faite… elle est faite… elle est faite comme une cassette.

LE COMMISSAIRE. Cela s'entend. Mais dépeignez-la un peu, pour voir.

2075 MAÎTRE JACQUES. C'est une grande cassette.

HARPAGON. Celle qu'on m'a volée est petite.

MAÎTRE JACQUES. Eh ! oui, elle est petite, si on le veut prendre par là [1] ; mais je l'appelle grande pour ce qu'elle contient.

LE COMMISSAIRE. Et de quelle couleur est-elle ?

2080 MAÎTRE JACQUES. De quelle couleur ?

LE COMMISSAIRE. Oui.

MAÎTRE JACQUES. Elle est de couleur... là, d'une certaine couleur... Ne sauriez-vous m'aider à dire ?

HARPAGON. Euh ?

2085 MAÎTRE JACQUES. N'est-elle pas rouge ?

HARPAGON. Non, grise.

MAÎTRE JACQUES. Eh ! oui, gris-rouge : c'est ce que je voulais dire.

HARPAGON. Il n'y a point de doute : c'est elle assurément. Écrivez, Monsieur, écrivez sa déposition. Ciel ! à qui désormais se fier ? Il ne faut jamais jurer de rien ; et je crois après cela que je suis homme à me voler moi-même.

2090

MAÎTRE JACQUES, à Harpagon.* Monsieur, le voici qui revient. Ne lui allez pas dire au moins que c'est moi qui vous ai découvert cela.

---

1. *Si on veut le prendre par là* : si l'on veut.

SCÈNE 3

VALÈRE, HARPAGON, LE COMMISSAIRE, SON CLERC,
MAÎTRE JACQUES

HARPAGON. Approche : viens confesser l'action la plus noire, 2095
l'attentat le plus horrible qui jamais ait été commis.

VALÈRE. Que voulez-vous, Monsieur ?

HARPAGON. Comment, traître, tu ne rougis pas de ton crime ?

VALÈRE. De quel crime voulez-vous donc parler ?

HARPAGON. De quel crime je veux parler, infâme ! comme si tu ne 2100
savais pas ce que je veux dire ! C'est en vain que tu
prétendrais de le déguiser [1] : l'affaire est découverte, et
l'on vient de m'apprendre tout. Comment abuser ainsi de
ma bonté, et s'introduire exprès chez moi pour me trahir,
pour me jouer un tour de cette nature ?   2105

VALÈRE. Monsieur, puisqu'on vous a découvert tout, je ne veux
point chercher de détours et vous nier la chose.

MAÎTRE JACQUES, *à part.** Oh ! oh ! aurais-je deviné sans y penser ?

VALÈRE. C'était mon dessein de vous en parler, et je voulais
attendre pour cela des conjonctures [2] favorables ; mais 2110
puisqu'il est ainsi, je vous conjure de ne vous point fâcher,
et de vouloir bien entendre mes raisons.

HARPAGON. Et quelles belles raisons peux-tu me donner, voleur
infâme ?

VALÈRE. Ah ! Monsieur, je n'ai pas mérité ces noms. Il est vrai que 2115

---

1. *Déguiser* : cacher.
2. *Conjonctures* (f.) : circonstances.

j'ai commis une offense envers vous ; mais, après tout, ma faute est pardonnable.

HARPAGON. Comment, pardonnable ? Un guet-apens [1] ? un assassinat de la sorte ?

2120 VALÈRE. De grâce, ne vous mettez point en colère. Quand vous m'aurez ouï, vous verrez que le mal n'est pas si grand que vous le faites.

HARPAGON. Le mal n'est pas si grand que je le fais. Quoi ? mon sang, mes entrailles, pendard ?

2125 VALÈRE. Votre sang, Monsieur, n'est pas tombé dans de mauvaises mains. Je suis d'une condition à ne lui point faire de tort, et il n'y a rien en tout ceci que je ne puisse bien réparer.

HARPAGON. C'est bien mon intention, et que tu me restitues ce
2130 que tu m'as ravi.

VALÈRE. Votre honneur, Monsieur, sera pleinement satisfait.

HARPAGON. Il n'est pas question d'honneur là-dedans. Mais, dis-moi, qui t'a porté à cette action ?

VALÈRE. Hélas ! me le demandez-vous ?

2135 HARPAGON. Oui, vraiment, je te le demande.

VALÈRE. Un dieu qui porte les excuses de tout ce qu'il fait faire : l'Amour.

HARPAGON. L'Amour ?

VALÈRE. Oui.

---

1. *Guet-apens* (m.) : piège, embuscade.

HARPAGON. Bel amour, bel amour, ma foi ! l'amour de mes louis 2140
    d'or.

VALÈRE. Non, Monsieur, ce ne sont point vos richesses qui m'ont
    tenté ; ce n'est pas cela qui m'a ébloui, et je proteste de ne
    prétendre rien à tous vos biens [1], pourvu que vous me
    laissiez celui que j'ai.   2145

HARPAGON. Non ferai [2], de par tous les diables ! je ne te le
    laisserai pas. Mais voyez quelle insolence de vouloir
    retenir le vol qu'il m'a fait !

VALÈRE. Appelez-vous cela un vol ?

HARPAGON. Si je l'appelle un vol ? un trésor comme celui-là !   2150

VALÈRE. C'est un trésor, il est vrai, et le plus précieux que vous
    ayez sans doute ; mais ce ne sera pas le perdre que de me
    le laisser. Je vous le demande à genoux, ce trésor plein de
    charmes ; et pour bien faire, il faut que vous me
    l'accordiez.   2155

HARPAGON. Je n'en ferai rien. Qu'est-ce à dire cela ?

VALÈRE. Nous nous sommes promis une foi mutuelle, et avons
    fait serment de ne nous point abandonner.

HARPAGON. Le serment est admirable, et la promesse plaisante !

VALÈRE. Oui, nous nous sommes engagés d'être l'un à l'autre à 2160
    jamais.

HARPAGON. Je vous empêcherai bien, je vous assure.

VALÈRE. Rien que la mort ne nous peut séparer.

---

1. *Je proteste* […] *biens* : je vous assure que je ne convoite pas votre
    argent.
2. *Non ferai* : je n'en ferai rien.

HARPAGON. C'est être bien endiablé après mon argent.

2165 VALÈRE. Je vous ai déjà dit, Monsieur, que ce n'était point l'intérêt qui m'avait poussé à faire ce que j'ai fait. Mon cœur n'a point agi par les ressorts que vous pensez, et un motif plus noble m'a inspiré cette résolution.

HARPAGON. Vous verrez que c'est par charité chrétienne qu'il
2170 veut avoir mon bien ; mais j'y donnerai bon ordre ; et la justice, pendard effronté, me va faire raison de tout.

VALÈRE. Vous en userez comme vous voudrez, et me voilà prêt à souffrir toutes les violences qu'il vous plaira ; mais je vous prie de croire, au moins, que, s'il y a du mal, ce n'est
2175 que moi qu'il en faut accuser, et que votre fille en tout ceci n'est aucunement coupable.

HARPAGON. Je le crois bien, vraiment ; il serait fort étrange que ma fille eût trempé dans ce crime. Mais je veux ravoir mon affaire, et que tu me confesses en quel endroit tu me
2180 l'as enlevée.

VALÈRE. Moi ? je ne l'ai point enlevée, et elle est encore chez vous.

HARPAGON, *à part*.* Ô ma chère cassette ! Elle n'est point sortie de ma maison ?

2185 VALÈRE. Non, Monsieur.

HARPAGON. Hé ! dis-moi donc un peu : tu n'y as point touché ?

VALÈRE. Moi, y toucher ? Ah ! vous lui faites tort, aussi bien qu'à moi ; et c'est d'une ardeur toute pure et respectueuse que j'ai brûlé pour elle.

2190 HARPAGON, *à part*.* Brûlé pour ma cassette !

VALÈRE. J'aimerais mieux mourir que de lui avoir fait paraître aucune pensée offensante : elle est trop sage et trop honnête pour cela.

HARPAGON, *à part*.* Ma cassette trop honnête !

VALÈRE. Tous mes désirs se sont bornés à jouir de sa vue ; et rien 2195 de criminel n'a profané la passion que ses beaux yeux m'ont inspirée.

HARPAGON, *à part*.* Les beaux yeux de ma cassette ! Il parle d'elle comme un amant d'une maîtresse.

VALÈRE. Dame Claude, Monsieur, sait la vérité de cette aventure, 2200 et elle vous peut rendre témoignage…

HARPAGON. Quoi ? ma servante est complice de l'affaire ?

VALÈRE. Oui, Monsieur, elle a été témoin de notre engagement ; et c'est après avoir connu l'honnêteté de ma flamme [1] qu'elle m'a aidé à persuader votre fille de me donner sa 2205 foi, et recevoir la mienne.

Jean Vilar (Théâtre National de Paris, 1953).

1. *Flamme* (f.) : amour.

HARPAGON. Eh ? *(À part.)** Est-ce que la peur de la justice le fait extravaguer ? *(Haut.)** Que nous brouilles-tu ici de ma fille[1] ?

2210 VALÈRE. Je dis, Monsieur, que j'ai eu toutes les peines du monde à faire consentir sa pudeur à ce que voulait mon amour.

HARPAGON. La pudeur de qui ?

VALÈRE. De votre fille ; et c'est seulement depuis hier qu'elle a pu se résoudre à nous signer mutuellement une promesse de
2215 mariage !

HARPAGON. Ma fille t'a signé une promesse de mariage !

VALÈRE. Oui, Monsieur, comme de ma part je lui en ai signé une.

HARPAGON. Ô ciel ! autre disgrâce !

MAÎTRE JACQUES, *au commissaire.** Écrivez, Monsieur, écrivez.

2220 HARPAGON. Rengrégement[2] de mal ! surcroît de désespoir ! *(Au commissaire.)** Allons, Monsieur, faites le dû de votre charge[3], et dressez-lui-moi[4] son procès, comme larron[5], et comme suborneur[6].

VALÈRE. Ce sont des noms qui ne me sont point dus ; et quand on
2225 saura qui je suis…

---

1. *Que […] fille* : pourquoi nous embrouilles-tu en parlant de ma fille ?
2. *Rengrégement* (m.) : surcroît.
3. *Le dû de votre charge* : votre devoir de commissaire.
4. *Dressez-lui-moi* : tour familier où le pronom *moi* est explétif.
5. *Larron* (m.) : voleur.
6. *Suborneur* (m.) : séducteur.

SCÈNE 4

ÉLISE, MARIANE, FROSINE, HARPAGON, VALÈRE,
MAÎTRE JACQUES, LE COMMISSAIRE, SON CLERC

HARPAGON. Ah ! fille scélérate ! fille indigne d'un père comme
moi ! c'est ainsi que tu pratiques les leçons que je t'ai
données ? Tu te laisses prendre d'amour pour un voleur
infâme, et tu lui engages ta foi sans mon consentement ?
Mais vous serez trompés [1] l'un et l'autre. *(À Élise.)** 2230
Quatre bonnes murailles [2] me répondront de ta conduite ;
*(À Valère.)** et une bonne potence me fera raison de ton
audace.

VALÈRE. Ce ne sera point votre passion qui jugera l'affaire ; et
l'on m'écoutera, au moins, avant que de me condamner. 2235

HARPAGON. Je me suis abusé [3] de dire une potence, et tu seras
roué tout vif [4].

ÉLISE, *à genoux devant son père.* Ah ! mon père, prenez des
sentiments un peu plus humains, je vous prie, et n'allez
point pousser les choses dans les dernières violences du 2240
pouvoir paternel. Ne vous laissez point entraîner aux
premiers mouvements de votre passion [5], et donnez-vous
le temps de considérer ce que vous voulez faire. Prenez la
peine de mieux voir celui dont vous vous offensez : il est
tout autre que vos yeux ne le jugent ; et vous trouverez 2245

---

1. *Trompés* : déjoués.
2. *Quatre bonnes murailles* : le couvent.
3. *Abusé* : trompé.
4. *Roué tout vif* : la *roue* était un châtiment plus infâmant que la potence
   et qui consistait à rompre les membres du condamné et à le laisser
   ensuite mourir sur une roue.
5. *Passion* (f.) : emportement.

moins étrange que je me sois donnée [1] à lui, lorsque vous saurez que sans lui vous ne m'auriez plus il y a [2] longtemps. Oui, mon père, c'est celui qui me sauva de ce grand péril que vous savez que je courus dans l'eau, et à

2250 qui vous devez la vie de cette même fille dont…

HARPAGON. Tout cela n'est rien ; et il valait bien mieux pour moi qu'il te laissât noyer que de faire ce qu'il a fait.

ÉLISE. Mon père, je vous conjure, par l'amour paternel, de me…

HARPAGON. Non, non, je ne veux rien entendre ; et il faut que la

2255 justice fasse son devoir.

MAÎTRE JACQUES, *à part.** Tu me payeras mes coups de bâton.

FROSINE, *à part.** Voici un étrange embarras [3].

Ah ! mon père, prenez des sentiments
un peu plus humains, je vous prie….

1. *Donnée* : promise.
2. *Il y a* : depuis.
3. *Embarras* (m.) : situation très compliquée.

SCÈNE 5

ANSELME, HARPAGON, ÉLISE, MARIANE, FROSINE,
VALÈRE, MAÎTRE JACQUES, LE COMMISSAIRE, SON CLERC

ANSELME. Qu'est-ce, seigneur Harpagon ? je vous vois tout
ému.

HARPAGON. Ah ! seigneur Anselme, vous me voyez le
plus infortuné de tous les hommes ; et voici bien du
trouble et du désordre au contrat que vous venez faire !
On m'assassine dans le bien, on m'assassine dans
l'honneur ; et voilà un traître, un scélérat, qui a violé tous
les droits les plus saints, qui s'est coulé [1] chez moi sous le   2265
titre de domestique, pour me dérober mon argent et pour
me suborner ma fille.

VALÈRE. Qui songe à votre argent, dont vous me faites un
galimatias [2] ?

HARPAGON. Oui, ils se sont donné l'un et l'autre une promesse de   2270
mariage. Cet affront vous regarde, seigneur Anselme, et
c'est vous qui devez vous rendre partie contre lui [3], et
faire toutes les poursuites de la justice, pour vous venger
de son insolence.

ANSELME. Ce n'est pas mon dessein de me faire épouser par   2275
force, et de rien prétendre à [4] un cœur qui se serait donné ;
mais pour vos intérêts, je suis prêt à les embrasser ainsi
que les miens propres.

---

1. *Coulé* : insinué.
2. *Galimatias* (m.) : discours embrouillé et obscur.
3. *Rendre partie contre lui* : le poursuivre en justice.
4. *De rien prétendre à* : d'exiger quoi que ce soit de.

HARPAGON. Voilà Monsieur qui est un honnête commissaire, qui
n'oubliera rien, à ce qu'il m'a dit, de la fonction de son
office. *(Au commissaire, montrant Valère.)** Chargez-le
comme il faut, Monsieur, et rendez les choses bien
criminelles.

VALÈRE. Je ne vois pas quel crime on me peut faire de la passion
que j'ai pour votre fille ; et le supplice où vous croyez que
je puisse être condamné pour notre engagement,
lorsqu'on saura ce que je suis...

HARPAGON. Je me moque de tous ces contes ; et le monde
aujourd'hui n'est plein que de ces larrons de noblesse [1]
que de ces imposteurs, qui tirent avantage de leur
obscurité, et s'habillent insolemment du premier nom
illustre qu'ils s'avisent de prendre.

VALÈRE. Sachez que j'ai le cœur trop bon [2] pour me parer de
quelque chose qui ne soit point à moi, et que tout Naples
peut rendre témoignage de ma naissance.

ANSELME. Tout beau [3] ! prenez garde à ce que vous allez dire.
Vous risquez ici plus que vous ne pensez ; et vous parlez
devant un homme à qui tout Naples est connu, et qui
peut aisément voir clair dans l'histoire que vous ferez.

VALÈRE, *en mettant fièrement son chapeau.* Je ne suis point homme
à rien craindre, et si Naples vous est connu, vous savez
qui était Dom Thomas d'Alburcy.

ANSELME. Sans doute, je le sais, et peu de gens l'ont connu mieux
que moi.

---

1. *Larrons de noblesse* : faux nobles.
2. *Bon* : noble.
3. *Tout beau* : doucement.

HARPAGON. Je ne me soucie ni de Dom Thomas ni de Dom 2305
Martin.
(Harpagon, voyant deux chandelles allumées, en souffle une.) *

ANSELME. De grâce, laissez-le parler, nous verrons ce qu'il en
veut dire.

VALÈRE. Je veux dire que c'est lui qui m'a donné le jour.

ANSELME. Lui ?   2310

VALÈRE. Oui.

ANSELME. Allez ; vous vous moquez. Cherchez quelque autre
histoire, qui vous puisse mieux réussir, et ne prétendez
pas vous sauver sous [1] cette imposture.

VALÈRE. Songez à mieux parler. Ce n'est point une imposture ; et 2315
je n'avance [2] rien qu'il ne me soit aisé de justifier.

ANSELME. Quoi ? vous osez vous dire fils de Dom Thomas
d'Alburcy ?

VALÈRE. Oui, je l'ose ; et je suis prêt de soutenir cette vérité contre
qui que ce soit.   2320

ANSELME. L'audace est merveilleuse. Apprenez, pour vous
confondre [3], qu'il y a seize ans pour le moins que l'homme
dont vous nous parlez périt sur mer avec ses enfants et sa
femme, en voulant dérober leur vie aux cruelles
persécutions qui ont accompagné les désordres de 2325
Naples [4], et qui en firent exiler plusieurs nobles familles.

---

1. *Sous* : par.
2. *Je n'avance* : je n'affirme.
3. *Confondre* : convaincre, réduire au silence.
4. *Les désordres de Naples* : allusion probable à la révolte de Masaniello
   (1647), à la suite de laquelle plusieurs nobles napolitains durent
   s'exiler.

VALÈRE. Oui ; mais apprenez, pour vous confondre, vous, que
son fils, âgé de sept ans, avec un domestique, fut sauvé de
ce naufrage par un vaisseau espagnol, et que ce fils sauvé
2330   est celui qui vous parle ; apprenez que le capitaine de ce
vaisseau, touché de ma fortune, prit amitié pour moi ;
qu'il me fit élever comme son propre fils, et que les armes
furent mon emploi dès que je m'en trouvai capable ; que
j'ai su depuis peu que mon père n'était point mort,
2335   comme je l'avais cru ; que passant ici pour l'aller chercher,
une aventure, par le Ciel concertée, me fit voir la
charmante Élise ; que cette vue me rendit esclave de ses
beautés ; et que la violence de mon amour, et les sévérités
de son père, me firent prendre la résolution de
2340   m'introduire dans son logis, et d'envoyer un autre à la
quête de mes parents.

ANSELME. Mais quels témoignages encore, autres que vos
paroles, nous peuvent assurer que ce ne soit point une
fable que vous ayez bâtie sur une vérité ?

2345 VALÈRE. Le capitaine espagnol ; un cachet de rubis qui était à
mon père ; un bracelet d'agate que ma mère m'avait mis
au bras ; le vieux Pedro, ce domestique qui se sauva avec
moi du naufrage.

MARIANE. Hélas [1] ! à vos paroles je puis ici répondre, moi, que
2350   vous n'imposez point [2] ; et tout ce que vous dites me fait
connaître clairement que vous êtes mon frère.

VALÈRE. Vous ma sœur ?

---

1. *Hélas* : au XVIIe, siècle l'interjection *hélas* n'exprimait pas seulement
la douleur ou le regret ; elle pouvait renforcer l'exclamation en
marquant toute une gamme d'autres sentiments.
2. *Vous n'imposez point* : vous ne mentez pas.

MARIANE. Oui. Mon cœur s'est ému dès le moment que vous
avez ouvert la bouche ; et notre mère, que vous allez
ravir, m'a mille fois entretenue des disgrâces [1] de notre   2355
famille. Le Ciel ne nous fit point aussi périr dans ce triste
naufrage ; mais il ne nous sauva la vie que par la perte de
notre liberté ; et ce furent des corsaires qui nous
recueillirent, ma mère et moi, sur un débris de notre
vaisseau. Après dix ans d'esclavage, une heureuse   2360
fortune nous rendit notre liberté, et nous retournâmes
dans Naples, où nous trouvâmes tout notre bien vendu,
sans y pouvoir trouver des nouvelles de notre père. Nous
passâmes à Gênes, où ma mère alla ramasser quelques
malheureux restes d'une succession qu'on avait   2365
déchirée [2] ; et de là, fuyant la barbare injustice de ses
parents, elle vint en ces lieux, où elle n'a presque vécu
que d'une vie languissante.

ANSELME. Ô Ciel ! quels sont les traits de ta puissance ! et que tu
fais bien voir qu'il n'appartient qu'à toi de faire des   2370
miracles ! Embrassez-moi, mes enfants, et mêlez tous
deux vos transports à ceux de votre père.

VALÈRE. Vous êtes notre père ?

MARIANE. C'est vous que ma mère a tant pleuré ?

ANSELME. Oui, ma fille, oui, mon fils, je suis Dom Thomas   2375
d'Alburcy, que le Ciel garantit des ondes [3] avec tout
l'argent qu'il portait, et qui vous ayant tous crus morts
durant plus de seize ans, se préparait, après de longs
voyages, à chercher dans l'hymen d'une douce et sage

---

1. *Disgrâces* (f.) : malheurs.
2. *Déchirée* : dispersée.
3. *Garantit des ondes* : sauva du naufrage.

2380 personne la consolation de quelque nouvelle famille. Le peu de sûreté que j'ai vu pour ma vie à retourner à Naples m'a fait y renoncer pour toujours ; et ayant su trouver moyen d'y faire vendre ce que j'avais, je me suis habitué [1] ici, où, sous le nom d'Anselme, j'ai voulu m'éloigner les chagrins [2] de cet autre nom qui m'a causé tant de traverses.

HARPAGON, *à Anselme*.* C'est là votre fils ?

ANSELME. Oui.

HARPAGON. Je vous prends à partie [3], pour me payer dix mille écus qu'il m'a volés.

ANSELME. Lui, vous avoir volé ?

HARPAGON. Lui-même.

VALÈRE. Qui vous dit cela ?

HARPAGON. Maître Jacques.

VALÈRE, *à maître Jacques*.* C'est toi qui le dis ?

MAÎTRE JACQUES. Vous voyez que je ne dis rien.

HARPAGON. Oui. Voilà Monsieur le commissaire qui a reçu sa déposition.

VALÈRE. Pouvez-vous me croire capable d'une action si lâche ?

HARPAGON. Capable ou non capable, je veux ravoir mon argent.

---

1. *Habitué* : installé.
2. *M'éloigner les chagrins* : éloigner de moi les chagrins.
3. *Je vous prends à partie* : je vous poursuis en justice.

SCÈNE 6

CLÉANTE, VALÈRE, MARIANE, ÉLISE, FROSINE,
HARPAGON, ANSELME, MAÎTRE JACQUES, LA FLECHE,
LE COMMISSAIRE, SON CLERC

CLÉANTE. Ne vous tourmentez point, mon père, et n'accusez
personne. J'ai découvert des nouvelles de votre affaire, et
je viens ici pour vous dire que, si vous voulez vous
résoudre à me laisser épouser Mariane, votre argent vous
sera rendu.   2405

HARPAGON. Où est-il ?

CLÉANTE. Ne vous en mettez point en peine : il est en lieu dont
je réponds, et tout ne dépend que de moi. C'est à vous de
me dire à quoi vous vous déterminez ; et vous pouvez
choisir, ou de me donner Mariane, ou de perdre votre 2410
cassette.

HARPAGON. N'en a-t-on rien ôté ?

CLÉANTE. Rien du tout. Voyez si c'est votre dessein de souscrire à
ce mariage, et de joindre votre consentement à celui de sa
mère, qui lui laisse la liberté de faire un choix entre nous 2415
deux.

MARIANE, *à Cléante.** Mais vous ne savez pas que ce n'est pas
assez que ce consentement, et que le Ciel, avec un frère
que vous voyez, vient de me rendre un père dont vous
avez à m'obtenir.   2420

ANSELME. Le Ciel, mes enfants, ne me redonne point à vous pour
être contraire à vos vœux. Seigneur Harpagon, vous jugez
bien que le choix d'une jeune personne tombera sur le fils
plutôt que sur le père. Allons, ne vous faites point dire ce

2425　　　　qu'il n'est pas nécessaire d'entendre, et consentez ainsi
que moi à ce double hyménée [1].

HARPAGON. Il faut, pour me donner conseil, que je voie ma
cassette.

CLÉANTE. Vous la verrez saine et entière.

2430 HARPAGON. Je n'ai point d'argent à donner en mariage à mes
enfants.

ANSELME. Hé bien ! j'en ai pour eux ; que cela ne vous inquiète
point.

HARPAGON. Vous obligerez-vous à faire tous les frais de ces deux
2435　　　　mariages ?

ANSELME. Oui, je m'y oblige ; êtes-vous satisfait ?

HARPAGON. Oui, pourvu que pour les noces vous me fassiez faire
un habit.

ANSELME. D'accord. Allons jouir de l'allégresse que cet heureux
2440　　　　jour nous présente.

LE COMMISSAIRE. Holà ! Messieurs, holà ! tout doucement, s'il
vous plaît ! Qui me payera mes écritures [2] ?

HARPAGON. Nous n'avons que faire de vos écritures.

LE COMMISSAIRE. Oui ! mais je ne prétends pas, moi, les avoir
2445　　　　faites pour rien.

HARPAGON, *montrant maître Jacques*.* Pour votre paiement, voilà
un homme que je vous donne à pendre.

1.　*Hyménée* (m.) : mariage.
2.　*Écritures* (f.) : la déposition de maître Jacques et l'aveu de Valère
transcrits par le commissaire.

MAÎTRE JACQUES. Hélas ! comment faut-il donc faire ? On me
donne des coups de bâton pour dire vrai, et on me veut
pendre pour mentir.   2450

ANSELME. Seigneur Harpagon, il faut lui pardonner cette
imposture.

HARPAGON. Vous paierez donc le Commissaire ?

ANSELME. Soit. Allons vite faire part de notre joie à votre mère.

HARPAGON. Et moi, voir ma chère cassette.   2455

Fernand Ledoux.

ANALYSE

Acte V

Scènes 1, 2

L'action

1. Faites le plan de la scène 2 et expliquez le découpage.

2. De même que le vol de la cassette, auquel le spectateur avait été discrètement préparé (cf. **Sur l'ensemble de l'acte IV**, question 4), la délation de maître Jacques n'est pas tout à fait inattendue. Dans quelle scène le cuisinier-cocher avait-il formulé son projet de vengeance contre Valère ? Pourquoi Molière a-t-il fourni, tout au long de sa pièce, des indices qui laissent prévoir les péripéties futures ?

3. Ces deux scènes sont-elles importantes pour l'action ? Pourquoi ?

Les personnages

1. Quoique secondaire, le personnage du commissaire est esquissé avec un grand souci de vérité psychologique. D'après sa première réplique dans la scène 1, quelle a dû être l'attitude d'Harpagon à son égard avant le lever du rideau ? Quelle image de lui-même le commissaire veut-il donner dans cette scène ? Sur quels procédés repose sa théorie d'enquêteur (scène 1, l. 1998-2001) ? Les met-il en œuvre dans la scène suivante ?

2. En quoi l'attitude d'Harpagon dans ces deux scènes crée-t-elle un contraste avec celle du commissaire ? Pourquoi la conduite du vieil avare favorise-t-elle le faux témoignage de maître Jacques ?

3. Quels sont les sentiments qui poussent maître Jacques à calomnier Valère ? Cette action est-elle cohérente avec la psychologie du cuisinier-cocher telle qu'elle nous a été présentée jusqu'ici ? Quel est le trait de son caractère qui réapparaît dans la dernière réplique (scène 2, l. 2092-2094) ?

Le comique

1. Dans la première partie de la scène 2, le même procédé comique est exploité deux fois. Quel est ce procédé ? Quels en sont ici les ressorts ? Quel est l'effet produit par sa répétition ?

2. Pourquoi l'interrogatoire de maître Jacques est-il comique ?

3. Citez quelques procédés, dans la deuxième partie de la scène 2, relevant du comique de mots.

La langue et l'expression

1. Sur quel mode verbal le commissaire s'exprime-t-il de préférence ? Pourquoi ? Citez quelques expressions qui soulignent sa qualité de représentant de la justice.

2. Quelle tournure confère à la première réplique de maître Jacques le pronom *me* répété quatre fois ?

3. Cherchez, dans les répliques de maître Jacques, une expression métaphorique, et expliquez en quoi elle est particulièrement expressive.

4. Quel est le sens d'*honnête homme* dans la scène 2 ? Cette expression signifiait-elle autre chose au XVIIe siècle ? (cf. acte I, scène 2, **La langue et l'expression**, question 3).

5. Le verbe *accommoder* (scène 2, l. 2007) signifie ici « préparer, cuisiner » (cf. note 1 page 141). Quels autres sens de ce verbe et de l'adjectf dérivé avez-vous déjà rencontrés ?

Les thèmes

1. À quel thème plus général de la pièce la calomnie renvoie-t-elle ?

Scène 3

L'action

1. Des deux intrigues amoureuses annoncées dans les premières scènes de l'acte I, Molière ne développe, au cours de la pièce, que celle concernant les amours de Cléante et de Mariane (cf. **Sur l'ensemble de l'acte IV**, question 2). Pourquoi la deuxième intrigue réapparaît-elle ici ?

2. Relevez deux allusions de Valère qui laissent prévoir que le développement approche et que sa vraie identité sera enfin révélée.

Les personnages

1. Tel qu'il apparaît ici, Valère est bien différent de l'intendant flatteur que le spectateur a connu dans les actes précédents. Quelle est la vraie nature du jeune homme d'après cette scène ?

2. La réaction d'Harpagon à l'engagement secret de Valère et d'Élise est-elle comparable à celle qu'il a manifestée lors du vol de la cassette ? Quels sont les sentiments qui l'agitent dans chacun des cas ?

Le comique

1. Le quiproquo qui régit cette scène est-il aussi cocasse que ceux de la scène précédente ? Pourquoi ? Comment est-il ici développé ?

La langue et l'expression

1. Le quiproquo entre Harpagon et Valère est construit sur une suite de contresens. Dressez la liste des mots et des expressions employés respectivement par l'avare et par l'intendant qui, par leur polysémie ou par leur indétermination, prêtent à équivoque.

2. À quel moment le quiproquo commence-t-il à prendre fin ? Quelles sont les expressions employées par Valère qui amènent la résolution du malentendu ?

Scène 4

L'action

1. Quelle est la double fonction de cette scène ?

Les personnages

1. L'attitude d'Élise à l'égard de son père est-elle implorante ? Comment parvient-elle à critiquer Harpagon ? En quoi cette scène résume-t-elle bien les deux principaux traits de la personnalité de la jeune fille apparus au cours de la pièce ?

2. À quoi Élise fait-elle appel en s'adressant à son père ? Ses arguments peuvent-ils toucher un homme comme Harpagon ?

3. Qu'entend Harpagon par « les leçons que je t'ai données » (l. 2227-2228) ? Quelles leçons peut-il avoir données à sa fille ? Existe-t-il une hiérarchie dans ses reproches à Élise ?

La langue et l'expression

1. Que souligne l'emploi insistant de l'impératif dans la tirade d'Élise ?

2. Relevez les expressions qui dénotent le caractère autoritaire d'Harpagon.

3. Quelle figure de rhétorique discernez-vous dans l'expression : « quatre bonnes murailles » (l. 2231) ?

Scènes 5, 6

L'action

1. La scène 5 offre les clés du dénouement. Quelles conséquences entraînent, en effet, sur le plan de l'action, les retrouvailles d'Anselme, de Valère et de Mariane ?

2. Qu'est-ce qui détermine en fait le dénouement ?

3. Résumez les aventures de la famille d'Alburcy. En quoi sont-elles romanesques ? (Sur le sens de « romanesque », cf. acte I, scène 1, **L'action**, question 2) Quelle est la fonction de la référence historique (scène 5, l. 2324-2326) ?

Les personnages

1. Le personnage d'Anselme tel qu'il est présenté dans ces deux scènes répond-il au portrait qu'en avait donné Harpagon dans les scènes 4 et 5 de l'acte I ? Quels sont les nouveaux traits de son caractère qui apparaissent ici ?

2. Quelle valeur Molière veut-il attribuer à l'attitude antithétique des deux pères ?

3. Comment l'avarice d'Harpagon se manifeste-t-elle dans la scène 6 ?

La langue et l'expression

1. Quels sont les mots qui soulignent, dans le récit d'Anselme et de ses enfants, le pathos de leurs aventures ?

2. Relevez les expressions qui dénotent chez Anselme, sous ses dehors débonnaires, un caractère autoritaire.

Les thèmes

1. Par qui et sous quelle forme le thème du mensonge et de la vérité est-il repris et commenté dans la dernière scène ?

Sur l'ensemble de l'acte V

1. Montrez comment, au cours de cet acte, Molière introduit peu à peu les différents personnages de la comédie, préparant ainsi la scène finale, où selon les règles de la dramaturgie classique tous les acteurs doivent être présents.

2. Quel est l'effet produit par la série de reconnaissances qui ont lieu dans la scène 5 ? Comment Molière a-t-il essayé, tout au long de la pièce, d'atténuer cet effet ?

3. Dans quelle scène de cet acte les thèmes portants de la comédie – l'amour, l'argent et la relation vérité-mensonge – sont-ils étroitement liés, annonçant ainsi que le dénouement approche ?

4. L'amour et la jeunesse triomphent à la fin de la pièce. Mais ce dénouement satisfait-il pleinement le désir du spectateur de voir le vice puni et la vertu récompensée ?

Sujets de dissertation

1. En quoi la comédie de *L'Avare* est-elle classique ?

2. Analysez le personnage d'Harpagon à la lumière de cette réflexion de La Bruyère (*Les Caractères*, « Des biens de fortune », 58):

> « Il y a des âmes sales, pétries de boue et d'ordure, éprises du gain et de l'intérêt, comme les belles âmes le sont de la gloire et de la vertu ; capables d'une seule volupté, qui est celle d'acquérir ou de ne point perdre ; curieuses et avides du denier dix ; uniquement occupées de leurs débiteurs ; toujours inquiètes sur le rabais ou sur le décri des monnaies ; enfoncées et comme abîmées dans les contrats, les titres et les parchemins. De telles gens ne sont ni parents, ni amis, ni citoyens, ni chrétiens, ni peut-être des hommes : ils ont de l'argent ».

3. Faites une étude comparée des personnages d'Élise et de Mariane.

4. Analysez le type du jeune amoureux à travers les personnages de Cléante et de Valère.

5. La Flèche et maître Jacques : ressemblances et différences entre ces deux variantes du valet de comédie.

6. En vous fondant sur des exemples précis, étudiez les différents degrés du comique présents dans *L'Avare*.

7. Dans sa *Lettre sur les occupations de l'Académie française* (1716), Fénelon reprochait à Molière d'avoir parfois forcé la nature et abandonné la vraisemblance, comme dans la scène 3 de l'acte I de *L'Avare*, où Harpagon demande à La Flèche de montrer ses « autres » mains. Discutez cette opinion en justifiant les choix de Molière.

8. Étudiez l'image que Molière donne de la famille dans *L'Avare*.

9. Partagez-vous le sentiment de Jean-Jacques Rousseau qui, jugeant l'insolence de Cléante envers son père plus grave encore que l'avarice sordide de celui-ci, considérait *L'Avare* comme « une école de mauvaises mœurs » (*Lettre à d'Alembert*, 1758) ?

10. Aux XIXᵉ et XXᵉ siècles, les metteurs en scène ont souvent accentué le côté tragique de *L'Avare*, jusqu'à en faire une sorte de drame. Que pensez-vous de cette interprétation? Êtes-vous d'accord ?

11. Commentez cette réflexion de Paul Bénichou (*Morales du grand siècle*, Paris, Gallimard, 1948) : « Harpagon joint [...] l'extrême stylisation de la caricature à la vérité psychologique la plus directe. Molière a donné en lui la formule abstraite d'une mentalité réelle, qu'on peut nommer bourgeoise, en désignant par ce mot, d'accord avec tout le XVIIᵉ siècle, une forme d'existence morale inférieure, impuissante à réaliser le beau caractère humain ».

12. Dans *L'Avare*, le mensonge est au service de l'amour et ne reçoit aucune sanction finale. Quelles réflexions cette situation vous suggère-t-elle ?

Sujets de recherche

1. Le thème du mensonge et de ses diverses manifestations (hypocrisie, flatterie, dissimulation, etc.) est l'un des lieux communs privilégiés de la littérature du XVIIᵉ siècle. Comparez les définitions, les réflexions et les représentations auxquelles ce thème a donné lieu dans les œuvres de Molière et des grands écrivains classiques (La Fontaine, Mme de La Fayette, La Bruyère, La Rochefoucauld, Racine).

2. Cherchez dans les *Maximes* de La Rochefoucauld et dans *Les Caractères* de La Bruyère les passages où ces deux grands moralistes parlent de l'avarice, et confrontez les interprétations qu'ils en donnent avec la peinture de ce vice dans *L'Avare* de Molière.

SÉLECTION BIBLIOGRAPHIQUE

Œuvres complètes de Molière

Éd. R. Jouanny, 2 vol., Paris, Garnier, « Classiques », 1965.

Éd. G. Mongrédien, 4 vol., Paris, Flammarion, « G.F. », 1979.

Éd. G. Couton, 2 vol., Paris, Gallimard, « Bibliothèque de la Pléiade », 1983.

L'Avare. Éditions préfacées et commentées

L'Avare, Éd. de Charles Dullin (1946), Paris, Éditions d'Aujourd'hui, « Les Introuvables », 1983.

L'Avare, avec une notice sur le théâtre au XVIIe siècle, une biographie chronologique de Molière, une étude générale sur son œuvre, et une analyse méthodique de la pièce par Fernand Angué, Paris, Bordas, « Les petits classiques Bordas », 1968.

L'Avare, Préface de Roger Planchon, Présentation de Charles Dullin, Commentaires et notes de Jacques Morel, Paris, Le Livre de Poche, 1986.

L'Avare, Éd. présentée, annotée et expliquée par Évelyne Amon, Paris, Larousse, « Classiques Larousse », 1994.

Biographies de Molière

GRIMAREST (J.) : *La Vie de Monsieur de Molière* (1705), éd. par G. Mongrédien, Paris, Brient, 1955.

MONGRÉDIEN (J.) : *La vie privée de Molière*, Paris, Hachette, 1950.

BORDONOVE (G.) : *Molière génial et familier*, Paris, Laffont, 1967.

BONVALLET (P.) : *Molière de tous les jours*, Paris, Le Pré aux Clercs, 1985.

Études générales sur Molière

BRAY (R.) : *Molière, homme de théâtre*, Paris, Mercure de France, 1954.

SIMON (A.) : *Molière par lui-même*, Paris, Seuil, 1957.

DESCOTES (M.) : *Les grands rôles du théâtre de Molière*, Paris, PUF, 1960.

GUICHARNAUD (J.) : *Molière, une aventure théâtrale*, Paris, Gallimard, 1963.

GUTWIRTH (M.) : *Molière, ou l'invention comique*, Paris, Minard, 1966.

JASINSKI (R.) : *Molière, l'homme et l'œuvre*, Paris, Hatier, 1969.

COLLINET (J.-P.) : *Lectures de Molière*, Paris, Colin, 1974.

MACCHIA (G.) : *Il silenzio di Molière* (1975), Milano, Mondadori, 1995.

DEFAUX (G.) : *Molière ou les Métamorphoses du comique*, Lexington, French Forum Publishers, 1982.

CONESA (G.) : *Le dialogue moliéresque*, Paris, PUF, 1983.

TRUCHET (J.) et autres : *Thématique de Molière*, Paris, SEDES, 1985.

TOBIN (R.) : *Tarte à la crème. Comedy and gastronomy in Molière's theatre*, Columbus, Ohio State University Press, 1990.

DANDREY (P.) : *Molière, ou l'esthétique du ridicule*, Paris, Klincksieck, 1992.

GRIMM (J.) : *Molière en son temps*, Paris-Seattle-Tübingen, Papers on French Seventeenth Century Literature, « Biblio 17 », 1993.

Études sur L'Avare

1. Articles

GUTWIRTH (M.) : *The Unity of Molière's « L'Avare »*, « Publications of the Modern Language Association of America », 1961, pp. 359-66.

MC CANN, (J.) : *Harpagon : the Paradox of Miserliness*, « Papers on French Seventeenth Century Literature », vol. XXII, 1995, pp. 555-569.

2. Études de synthèse

DAUVIN, (S. et J.) : *« L'Avare » de Molière*, Paris, Hatier, « Profil d'une œuvre », 1993.

AMON (E.) : *« L'Avare » de Molière*, Paris, Nathan, « Balises », 1995.

FILMOGRAPHIE

L'Avare, mise en scène de Jean Vilar, avec Jean Vilar dans le rôle d'Harpagon, 1975.

L'Avare, mise en scène de Jacques Mauclair, avec Jacques Mauclair dans le rôle d'Harpagon,1989.

L'Avare, mise en scène de Jean Girault et Louis de Funès, avec Louis de Funès dans le rôle d'Harpagon, 1979.

TABLE DES MATIÈRES

Introduction   V

Repères chronologiques   XXXVIII

L'Avare

Acte I   3
Analyse. Acte I   37

Acte II   45
Analyse. Acte II   71

Acte III   76
Analyse. Acte III   104

Acte IV   110
Analyse. Acte IV   131

Acte V   139
Analyse. Acte V   162

Analyse. Sujets de dissertation   168

Analyse. Sujets de recherche   169

Sélection bibliographique   170

Filmographie   172

Notes

Notes

Dans la même collection

Alain-Fournier
LE GRAND MEAULNES

H. de Balzac
LE PÈRE GORIOT

S. Beckett
EN ATTENDANT GODOT

Colette
LA CHATTE

M. Duras
MODERATO CANTABILE

G. Flaubert
MADAME BOVARY

G. de Maupassant
SUR L'EAU
UNE VIE

F. Mauriac
THÉRÈSE DESQUEYROUX

Molière
L'AVARE
LE TARTUFFE

M. Proust
UN AMOUR DE SWANN

Racine
PHÈDRE

Stendhal
LE ROUGE ET LE NOIR

Vercors
LE SILENCE DE LA MER

Voltaire
CANDIDE